Ernst Röhl

Neudeutscher
Mindestwortschatz

ISBN 3-359-00435-3

Wörtliche Betäubung

Neudeutscher
Mindestwortschatz

Beinhaltet eine breite Palette von
Schlag-, Hieb- und Stichwörtern,
zielgerichtet untersetzt mit einer
Vielzahl von Anwenderbeispielen,
Denkanstößen undundund

Kreativ aufgelistet von

Ernst Röhl

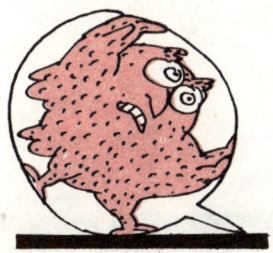

Eulenspiegel Verlag Berlin

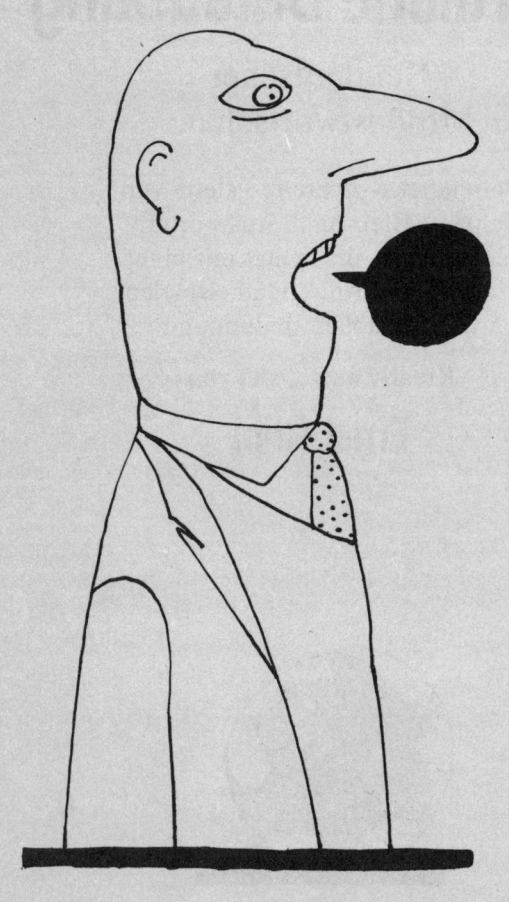

EINFÜHRENDE AUSFÜHRUNGEN

> Das ist mir noch nicht dunkel
> genug, das kann ich noch nicht
> fassen.
>
> J. A. GALLETTI

Dies ist ein Wörterbuch, das Ihnen gerade noch gefehlt hat. Sie brauchen es dringend, wenn Sie der Poesie unserer stürmisch sich entwickelnden Muttersprache auf den Versen bleiben wollen.

Dieses hochmodische Verbarium für moderne Menschen war schon lange fällig.

Sprachforscher der Académie française bemühen sich zur Zeit, Oubykh, die seltenste Sprache der Welt, auf Tonträgern zu konservieren, eine Sprache, die insgesamt nur noch ein einziger Mensch zu sprechen imstande ist – der hochbetagte türkische Bauer Tevfik Esenc. Oubykh kennt nicht weniger als zweiundachtzig Konsonanten und nicht mehr als drei Vokale!

Mit wieviel größerer Berechtigung erfolgt demnach diese verdienstvolle Auflistung des Neudeutschen, das nicht nur über wesentlich mehr Vokale und einen bedeutend höheren Vorfertigungsgrad verfügt, sondern inzwischen auch von Tausenden und aber Millionen gesprochen und geschrieben, leider aber noch nicht immer vollinhaltlich verstanden wird.

Jeder Gemüseladen stylt sich auf zur Vitamin-Boutique, jede Großküche zum Speisenproduktionsbetrieb. So manches Lokal wandelt sich zum Gastro-Centrum, und der Weltfremdling, der sich erfrechte, es naßforsch Kneipe zu nennen, hätte die Rechnung ohne den Objektleiter gemacht.

Die Fahrkarte wurde zum Beförderungsdokument, die Taschenlampe zur Fußgängerschutzleuchte. Heute noch heißt die Schraube Gewindestift, demnächst werden wir sie, ohne mit der Wimper zu zucken, als Schlitzkopfgewindebolzen bezeichnen. Särge wurden zu Erdmöbeln, Säcke zu Weichraumcontainern oder flexiblen transportablen Schüttgutbehältern. Der Schokoladenweihnachtsmann hat sich zum Schokoladenhohlkörper qualifiziert, der Werktätige zur VBE.

Zielstellungen werden bürgernah abgearbeitet, Akzentsetzungen gezielt hinterfragt, Probleme schwerpunktmäßig angedacht, Entscheidungsfindungen hoch angebunden, Konzeptionen niveauvoll abgenickt.

Wörter, die gestern noch gut genug waren, reichen heute längst nicht mehr aus und gelten morgen bereits als ewiggestrige Sprachfossilien.

Nun endlich liegt er vor, der neudeutsche Mindestwortschatz. Schwarz auf weiß. Nun muß keiner mehr reden, wie ihm der Schnabel ge-

wachsen ist. Kein Festredner muß sich mehr festreden. Dieser einsprachige Sprachmittler für DDR-Bürger befähigt den Anwender, schneller zu sprechen oder zu schreiben, als er zu denken je imstande wäre, eine Fähigkeit übrigens, die in unserer schnellebigen Zeit einen hohen Stellenwert besitzt und nicht als Logorrhoe[1] abqualifiziert werden darf.

Der Leiter eines Kollektivs, sofern er des Neudeutschen noch immer nicht mächtig ist, sieht sich in seinem Durchsetzungsvermögen und seiner Flächenwirkung allseitig beeinträchtigt. Gesetzt den Fall, seine Argumente fallen zufällig doch einmal etwas schwächer aus – sollten sie nicht mit um so größerer Überzeugungskraft vorgetragen werden?[2]

Andererseits wird ein Kollektiv, das noch zaudert, neudeutsches Wortgut umfassend in seinen Sprachgebrauch zu integrieren, über kurz oder lang seinen Leiter zwar noch betatschen, nicht aber mehr begreifen können.[3] Ein maximales Minimum an Kommunikativität wäre die Folge.

---

[1] Redseligkeit als Enthemmungserscheinung und Folge mangelnder sprachlicher Selbstkontrolle; salopp: Rededurchfall

[2] Auch neudeutsche Rhetoriker stellen sich ihre Fragen selbst.

[3] Wer das Wie nicht weiß, der findet auch nicht das Juchhei. *Ulrich Wirri, Meistersinger, 16. Jh.*

So weit muß es nicht kommen.

Neudeutsch setzt keinerlei höhere, schwindel-erregende Qualifikation voraus wie etwa HSA[1], FSA[2] oder VHSA[3]. Neudeutsch basiert auf dem Fundament des praktikabel handhabbaren Grundsatzprinzips »Gebrauche nie ein Wort, das dir restlos klar ist!«

Ein weiterer richtungweisender Vorzug des Neudeutschen resultiert aus der wohlweislich be-grenzten Grundgesamtheit des Wortschatzes. Der Weg führt von der Vielfalt zur Einfalt.

J. W. Goethe (1749–1832) in seiner Eigen-schaft als Kultur- und Geistesschaffender ver-fügte über einen Wortschatz von exakt mehr als 800000 lexikalischen Einheiten. Wortschätze in diesen Größenordnungen sind weg vom Fenster und gehören einer fernen Vergangenheit, um nicht zu sagen einem perfekten Plusquamperfekt an und haben absolut keine Zukunft, weder ein Futur eins noch ein Futur zwo, und eine echte Perspektive schon gar nicht.

In der Beschränktheit zeigt sich erst der Mei-ster.

Wie wir heute sprechen und schriftlich fixie-ren, werden wir morgen hören und lesen.

Müssen.

---

[1] Hochschulabschluß

[2] Fachschulabschluß

[3] Volkshochschulabschluß

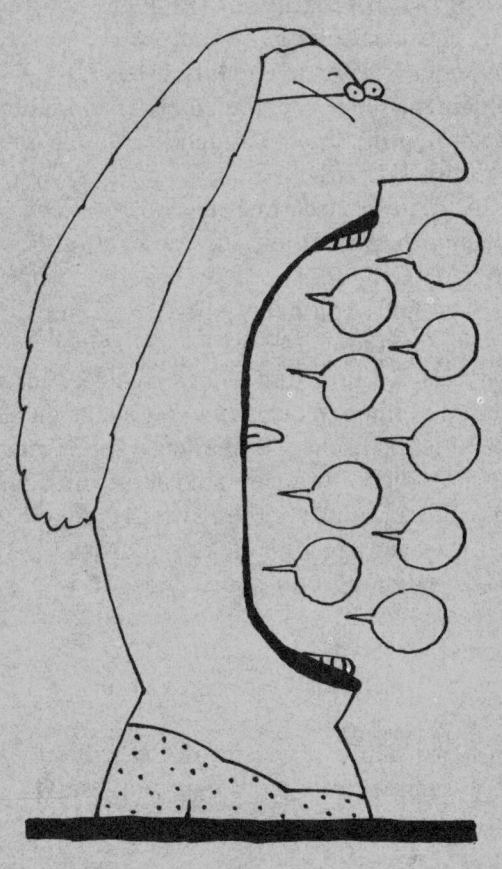

AUFLISTUNG

*Grundgesamtheit der in die Auflistung
eingearbeiteten Abkürzungen*

B.	Beispiel	jmd.	jemand	jmds	jemandes
etw.	etwas	jmdm.	jemandem	uuu.	undundund
geh.	gehoben	jmdn.	jemanden	↗	siehe

abarbeiten, etw. etw. erledigen; auf keinen Fall:
sich a., dann schon lieber ab und zu arbeiten; B:
Kundenreklamationen a.

abbürsten, jmdn. jmdn. tadeln, schelten, ↗ anzählen

abdecken decken; B: den Bedarf, die Nachfrage
nach Holzgliedermaßstäben a.

Abdeckung

abdelegieren delegieren; B: die Verantwortung
a., und zwar möglichst nach unten

Abdelegierung

Abgasanlage (Verkehr) Auspuff

11

abhaken eine Aufgabe als gelöst kennzeichnen; B: Die Realisierung einer Zusatzproduktion von 3 Millionen Tafelservietten für den Bevölkerungsbedarf können wir a.

abheben auf (Wissenschaft) sich berufen, sich stützen auf; B: bei akademischen Erfahrungsaustausch noch intensiver auf die Klassiker a.

abklären klären; B: Die Bewerbungen der Schüler für die EOS[1] werden schon in der 9. Klasse abgeklärt.

Abklärung

abklopfen auf jmdn./etw. genauer untersuchen auf etw.; B: den Problemlösungsprozeß auf seine Hauptschwerpunkte hin a.

abmagern bereits konzipierte ↗ Zielsetzungen sowie ↗ -stellungen einschränken auf das Pack- und Machbare

abnicken einer Entscheidung durch vertikale Kopfbewegung ohne Diskussion, Widerspruch oder ähnliche zeitraubende Vorgänge zustimmen

abqualifizieren jmdn. madig machen, verunglimpfen

abschlägig ablehnend; B: Sein Antrag auf Nachschlag wurde a. beschieden.

abschmettern (Sport) abwehren, scharf zurückweisen; B: Der Sondertermin für die Zurverfügungstellung eines weiteren zusätzlichen Kon-

---

[1] Erweiterte Oberschule

sumguts konnte infolge Stornierung erfolgreich abgeschmettert werden.

abschminken, sich etw. etwas unterlassen

abschotten, sich (Schiffahrt) sich einem Einfluß verschließen

absegnen lassen, etw. sich bei Vorgesetzten rückversichern[1]; B: Wir haben die präzisierten Ausstattungsnormative vom GD (↗ S. 70) a. 1.

abseilen jmdn. im Stich lassen

abstauben (Haushalt) sich etw. auf nicht völlig korrekte Weise aneignen; B: Antiquitätenhändler Piependeckel hatte bei einem alten, ahnungslosen Mütterchen für 'n Appel und 'n Ei ein Biedermeiersofa abgestaubt.

abstellen, jmdn. jmdn. entsenden, allerdings nicht aufs Abstellgleis, sondern beispielsweise zum Lehrgang, was auf dasselbe hinauslaufen kann

abstimmen, sich Argumente und/oder Zahlen kompatibel gestalten; unerläßlich bei statistischen Synchronlügen

Abstimmung

abstrichlos uneingeschränkt; B: Die Abstriche am KBP (↗ S. 72) wurden a. durchgeführt.

abstrippen Tagesordnung, ↗ Auflistung anstehender Themen ↗ abarbeiten

abwickeln, etw. etw. ordnungsgemäß erledigen;

---

[1] Wer konfliktlos vorwärtskommen will, sollte sich ausreichend rückversichern.

B: Die Selbstgeschirrückgabe der Essenteilnehmer wurde reibungslos abgewickelt.

Abwicklung

Abzug, in ... bringen abziehen

abzweigen etw. mehr oder weniger heimlich zu
einem bestimmten Zweck von etw. wegnehmen;
B: Bei der Durchführung von Werterhaltungs-
maßnahmen hatte der Beschuldigte Materialien
im Werte von 10 000 Mark für sich abgezweigt.

Aktivitäten Betätigung im weitesten Sinne, Un-
tätigkeit inbegriffen; B: Im Berichtszeitraum
wurden exakt 10 A. realisiert.

Akzentsetzung Hervorhebung; nicht: Verfesti-
gung eines fremdsprachigen Akzents

allseitig umfassend, vollständig; B: Die Nutzbar-
machung von Reserven muß a. gewährleistet
sein.

Allseitigkeit

ambitioniert (geh.) ehrgeizig

anarbeiten sich mit einer Arbeit kurz befassen,
ohne diese zu vollenden, selbst wenn es möglich
wäre

anberaumen einen Termin für etw. festsetzen; B:
eine »Dankeschönveranstaltung für verdiente
Werktätige mit Ballcharakter« a.

anbinden jmdm./einer Instanz ein Vorhaben zur
Entscheidung übertragen; B: Der überbetriebli-
che Leistungsvergleich ist leitungsseitig hoch angebunden.

Anbindung [nicht: Angebinde]

andenken zu bequem sein, sich gründlich Gedanken über etw. zu machen; B: Wir haben das Problem schon mal kurz angedacht.

Andenken [nicht: Andacht oder Souvenir]

andiskutieren, etw. keine Zeit oder Lust haben, über etw. ausführlich zu reden

anfahren (Verkehr) hinfahren zu jmdm. oder etw.; B: Das A. eines Kunden durch drei Fahrzeuge an einem Tag ist durch die verschiedenen Möbellager bedingt.

anführen etw. erwähnen [unfein: jmdn. a.]

Angehöriger Verwandter, auch A. von Organen

angezeigt (geh.) angebracht; B: Es ist a., eine Anzeige aufzugeben.

anheben steigern; B: die Qualitätsarbeit qualitativ a.

Anhebung

anklingen lassen, etw. etw. schüchtern zur Sprache bringen; B: Der Referent ließ die Fragestellung unüberhörbar a.

anlaufen jmdn./etw. aufsuchen; B: Wegen der Bewerbung das FiKo (↗ S. 70) bitte selbst a.!

anleiern, etw. etw. in Gang setzen, ↗ anschieben

Anliegen Absicht, Aufgabe, Sorge, Wunsch, Zweck, Sache, deren Ausführung jmdm. am Her-

15

zen liegt, dem Anlieger; B: Hautnahe Probleme in den Mittelpunkt des Meinungsstreits zu stellen, ist unser vornehmstes A.

anreißen, etw. etw. erwähnen, ↗ anschneiden; B: das Problem der gesamtgesellschaftlichen Umsetzung von Beispiellösungen a.

anschieben, etw. etw. in Gang setzen, ↗ anleiern; B: die Einbindung der Flächennutzungskonzeption in die territorialen Zielsetzungen a.

anschießen, jmdn. jmdn. verbal angreifen

anschneiden, etw. etw. erwähnen, ↗ anreißen; B: die Frage der ausgelösten Denkanstöße a.

anschreiben, jmdn. an jmdn. schreiben
Anschreiben

ansprechen erörtern; B: Kollegen! Nicht immer nur ansprechende Damen a., sondern auch Mängel in der Beitragskassierung!

anstehen Ohren stehen ab; Fragen, Probleme, Themen, Tagesordnungspunkte stehen an, und zwar zur Diskussion.

anzählen, jmdn. (Sport) jmdn. kritisieren, ↗ abbürsten

Apparat anheimelnder Begriff für die zu einer bestimmten größeren Aufgabe benötigten Menschen und Hilfsmittel; B: Beamtena., Behördena., Parteia., Staatsa., Verwaltungsa. uuu.

artikulieren, sich sich verständlich machen [nicht nur in Artikeln, auch mündlich]; B: Unerschrocken artikulierte er seine ganz persönliche Meinung.

Aspekt Substantiv, das wir allein deshalb schon bei jeder Gelegenheit gebrauchen sollten, weil uns außer Ansicht, Anblick, Betrachtungsweise, Blickpunkt, Blickrichtung, Blickwinkel, Gesichtspunkt, Vorzeichen uuu. kaum Wörter mit gleicher Bedeutung zur Verfügung stehen.

aufaddieren zusammenzählen

aufarbeiten Arbeitsrückstände aufholen; B: Liedermacher Felix Schniggenfitting hat mit Heine und Brecht einen hochrelevanten Bereich unseres NKE (↗ S. 75) für sich aufgearbeitet.

Aufarbeitung

Aufgabenfindung wichtiger Teil der Tätigkeit langfristig stark unterforderter Büroangestellter; Kategorie der allgemeinen und speziellen Beschäftigungstheorie

auflisten schriftlich aufzählen, erfassen; B: In puncto Kultur werden wir die stattgefundenen Prominententreffs nicht nur kumulativ, sondern auch kreativ a.

Auflistung

Aufriß, einen … machen 1. Aufhebens machen von etw., 2. unverhältnismäßig großen Aufwand treiben; B: Der Haupttechnologe macht wegen der Anbringung des Hauptschalters entsprechend der Aufgabenstellung einen unheimlichen A.

aufrollen etw. ausführlich darlegen; B: die Kabelproblematik breit a.

aufschließen, jmdn. für etw. (geh.) jmdm. etw.

zugänglich machen; B: Während des Rundtischgespräches gelang es dem Autor, seine Rezipienten für die Welthaltigkeit seiner Novelle aufzuschließen.

aufstrippen Themen zu einer ↗ Auflistung zusammenstellen

aufweisen (Eigenschaft) haben/zeigen; B: Kollege Müßich weist einen zutiefst ordentlichen Charakter auf.

aufwerfen etw. zur Sprache bringen; B: die Frage der maximalen Auslastung des AWH[1] a.

aufzeigen nachweisen; B: Kollege Rohleder zeigte auf, daß seine Selbstverpflichtung eine exakt abrechenbare Aufgabenstellung beinhaltet.
Aufzeigung

aufziehen etw. arrangieren; B: Die Kleintierschau ganz groß a.

ausdiskutieren, etw. ein Problem bis zur Neige, bis zum Überdruß oder gar bis zur Erschöpfung der Diskussionsteilnehmer besprechen

ausführen darlegen, erläutern
Ausführungen[2]

ausklinken, sich nicht mehr mitmachen, ↗ aussteigen

Auslaufventil Wasserhahn

---

[1] Arbeiterwohnheim

[2] Man kann ein Mädchen, einen Entschluß, ja sogar Qualitätserzeugnisse ausführen, am wenigsten riskant aber sind temperamentvolle Ausführungen am Rednerpult.

ausloten, etw. einer Sache auf den Grund gehen; B: die künstlerischen Potenzen a.

ausräumen beheben, beseitigen; B: Die Knick-Knack-Brothers räumten außer ihren Meinungs-verschiedenheiten auch einen Tresor aus.

ausreizen, etw. etw. vorbehaltlos, vollständig ein-setzen für etw.; B: unsere Leistungspotenzen vollinhaltlich a.

ausschalten jmdn./etw. ausschließen.

ausschildern etw. mit Schildern versehen; B: Es gilt, die Hauptverkehrsmagistrale entsprechend den Verkehrsbedürfnissen der Verkehrsteilneh-mer verstärkt auszuschildern.

Ausschilderung

Außenstellenbespielung ständige Gastspiele eines Theaters in der Umgebung; B: Den Außen-stellenbespielungsspielplan zielgerichtet und von der Breite her durchstellen

aussteigen sich an einem Vorhaben nicht mehr beteiligen

Aussteiger

austakten jmdn./etw. aus einem Programm her-ausnehmen; B: Eine LSA ($\nearrow$ S. 74) wurde aus dem koordinierten Lichtsignalanlagensystem[1] ausgetaktet.

ausufern vorgegebene Bahnen verlassen; B: Die Versammlung uferte aus in eine echte Diskus-sion.

---

[1] (Verkehr) Grüne Welle

Bälde, in (geh.) bald

-bar hochmodische Nachsilbe, die sich an jedes beliebige Verb optimal anschmiegen läßt; Fakten sind abruf-, Analysen auswert-, Tagesordnungspunkte abhak-, Aufgaben abrechen-, Verpflichtungen kontrollier-, Voraussetzungen unabding-, Ordnung und Sicherheit unverzicht-, Vorhaben mach*bar* uuu.

Auch Substantive werden bereits mit besten Ergebnissen baralysiert: Abrufbar-, Konkretisierbar-, Veränderbar-, Machbar-, Handhabbarkeit – *bar* – die neudt. Nachsilbe bar excellence!

beauflagen, jmdn. jmdm./einem Betrieb, eine Pflichtleistung auferlegen; B: Der Orthopädist N.N. wurde beauflagt, in die Fertigung von Einlagen einzusteigen.

Beauflagung

beauskunften Auskunft erteilen

Beauskunftung

Bedarfsüberdeckung Überangebot

Bedarfsunterdeckung Mangel

bedeckt, sich halten verschwiegen; B: In bezug auf die nackte Wahrheit hielt der Bereichsleiter für Öffentlichkeitsarbeit sich b.

befaßt sein mit etw. (geh.) sich beschäftigen mit etw.; B: Der Rat der Gemeinde ist damit b., die

Flächennutzungskonzeption in die Ortsgestaltungskonzeption gleitend einzuarbeiten.

Befindlichkeit das empfundene Sein, um es ganz schlicht auszudrücken, schmückt jeden kulturpolitischkunstwissenschaftlichen Aufsatz ungemein

befördern fördern; B: Es gilt, den gesellschaftlichen Fortschritt zu befördern[1].

Beförderung

Beförderungsdokument Fahrschein, Fahrkarte, ↗ Fahrausweis

behördlicherseits von seiten einer Behörde

beinhalten enthalten; B: Der KSP (↗ S. 72) des Jugendforscherkollektivs beinhaltet drei grundlegende Hauptfaktoren.

beräumen räumen, aufräumen

Beräumung B: Nach Zurverfügungstellung eines Schneepflugs ist die Schneeberäumung materiell-technisch abgesichert.

bereitstellen anbieten; B: Delikateß-Sauerkraut für die Festtagsversorgung b.

Bereitstellung

---

[1] Fahrgäste werden weiterhin transportiert.

beschallen jmdn. einem Schall aussetzen

Beschallung Beschallungsanlage = Lautsprecheranlage

beschulen jmdm. Schulunterricht erteilen

Beschulung[1]

bespielen in einem Ort, auf einer Bühne Theaterstücke / Filme aufführen

Bespielung, ↗ Außenstellenbespielung

Bestandseinheit (Bibliothekswesen) Buch; Georg Christoph Lichtenberg (1742–1799), neudt.: Wenn eine B. und ein Kopf zusammenstoßen, und es klingt hohl, ist das allemal in der B.?

bestuhlen einen Raum mit Stühlen ausstatten

Bestuhlung

betanzen, jmdn. tanzen mit jmdm.; B: Auf dem Betriebsfest wurden alle Arbeitskolleginnen intensiv durch uns betanzt.

beturnen[2] Turnunterricht erteilen

bevorraten sich/jmdn. mit Vorräten versehen, und zwar möglichst in dieser Reihenfolge

Bevorratung

bewegen verändern; B: Die neue Konzeption hat allerhand bewegt, im Bezirk sowohl als auch im Kreise.

---

[1] Achtung! Nach wie vor richtig: Schule.
Nicht Beschulungsanlage!

[2] Der Sportlehrer beturnt mich, die Köchin bekocht mich, der Nachrichtensprecher bespricht mich – warum zögert der Sänger, mich zu besingen?

beziffern, sich auf betragen; B: Der Gesamtwert der Bevölkerungsreparaturen[1] beziffert sich auf 31 TM[2].

Boutique (sächsisch) Budike, (französisch) Laden, (deutsch) kleine VKE (↗ S. 77) für mehr oder minder modische Neuheiten; B: Blumen-, Chanson-, Eis-, Haar-, Handarbeits-, Jugend-, Kunst-, Platten-, Schlager-, Zauber*boutique* uuu.

breit[3] Vokabel von hohem Gebrauchswert, die ein großes Ausmaß bedeutungsvoll ausdrückt: breiten Raum, breiten Widerhall, breite Kreise, breite Diskussion, breite Mehrheit sowie eine breit gefächerte Angelköderpalette.

bringen ↗ Substantivismuß, S. 90

bürgernah unbürokratisch; B: das Problem der Bedürfnisbefriedigung b. abarbeiten

Dachentwässerungsanlage Dachrinne

Denkanstoß Anregung, Hinweis, Tip [im Boxsport Kopftreffer]

---

[1] Nicht Instandsetzung defekter Bürger, sondern (im Unterschied zu Reparaturen in Betrieben) Privatreparaturen.

[2] Tausend Mark.

[3] B. sein ist alles.

Denkpause Pause *vom* oder *zum* Denken, ganz wie's beliebt

durchboxen energisch durchsetzen; B: die Beispielschaffungen im Servicebereich d.

durchdiskutieren, etw. etw. ausführlich besprechen

durchführen ausführen, organisieren, und zwar Aufgaben, Aufträge, Aussprachen, Bauarbeiten, Befehle, Beschlüsse, Lehrgänge, Maßnahmen, Projekte, Prüfungen, Reparaturen, Tagungen, Versammlungen, Wettkämpfe uuu.; B: In dieser Tankstelle können Sie Motorenölwechsel d. (lassen).
Durchführung

durchstellen, etw. etw. an-, verordnen; B: Die ganze Problematik wurde nach unten durchgestellt und einer Lösung zugeführt.

durchtakten ein Programm im einzelnen abstimmen; B: den Prozeß der Urlauberbetreuung saisongerecht d.

durchziehen etw. durchsetzen; B: Die Schaffung gastronomischer Imbißkomplexe wird zügig durchgezogen.
Durchzug [ungebräuchlich!]

Durststrecke[1] Zeitspanne, in der jmd. Entbehrungen oder Einschränkungen auf sich nehmen muß

Aus einem bisher noch unveröffentlichten Manuskript: »Wir Abstinenzler«, sagte Grambichler mit bitterem Lachen, »kennen keine D.!«

Ebene Stufe, ursprünglich Flachland; B: »Vor uns liegen die Mühen der Ebenen«[2], und zwar sowohl der Gemeinde-, Orts-, Stadt-, Kreis-, Bezirks-, Leitungs-, Minister-, Regierungs- als auch der schiefen, höheren, hohen und höchsten Ebenen.

echt wahrhaftig, wirklich; B: Falsch sein kann vieles, e. aber bleibt e. e.: ein Anliegen, eine Fra-

---

[1] Streckenmeldung: Einst war die Strecke das Privileg der Streckenwärter, der Jäger, der Läufer (Kurz-, Mittel-, Langstrecke) und der Gewichtheber (Hochstrecke). Längst ist die Strecke für alle da: U-Musiker marschieren auf der »Rock«- und »Bluesstrecke«, Versorgungsexperten auf der Socken-, der Marmeladen-, der Kunsthonigstrecke. Strecken läßt sich alles und jedes. Jedem seine Spezialstrecke! Bringen wir die Strecke zur Sprache, ohne die Sprache zur Strecke zu bringen.

[2] B. Brecht, »Wahrnehmung« (1950)

gestellung, ein Mitgestalter uuu. ↗ Jugendstil,
S. 118

effektiv[1] wirklich, tatsächlich (vorwiegend ver-
neint); B: Ich kenne die Eckdaten e. nicht!

Eierteigwaren Nudeln

einbauen einfügen; B: ein neues Mitglied in die
Wettbewerbskommission e.

einbetten einfügen; B: Das Problem der Wach-
samkeit wurde in den Maßnahmeplan harmo-
nisch eingebettet.

Einbettung

einbinden, jmdn., etw. jmdn./etw. einbeziehen
in etw.; B: Die Interessengemeinschaft »Gebiets-
typische Gaststätten der Märkischen Schweiz«
ist in die überbezirkliche Handelsnetzkonzep-
tion mit eingebunden.

Einbindung[2]

einbringen, etw. in etw. beitragen; B: Du wirst
doch in unser gewichtiges Konferenzgepäck bestimmt noch ein paar schubkräftige Ideen e.,
Kollege![3]

einflechten, etw. etw. beiläufig erwähnen; B: Der

---

[1] Prominente Stimme aus dem Lager der Altdt.-Konservati-
ven: »Mit Leuten, die das Wort ›effektiv‹ gebrauchen, ver-
kehre ich in der Tat nicht.« (Karl Kraus)

[2] Einbindung ist auch eine Bindung.

[3] Das suggestive Heischefutur bleibt entgegen anderslauten-
den Prognosen ein wertvoller Bestandteil auch der neudeutschen Grammatik.

GD (↗ S. 70) flocht in seine Rechenschaftslegung eine breite Palette von Denkanstößen ein.

einfließen lassen nebenbei erwähnen; B: Er ließ seine Bedenken in den Meinungsbildungsprozeß mit e.

Einlauf, jmdm. machen jmdn. rügen; B: Der Chef hat mir einen E.[1] gemacht.

einläuten, etw. etw. beginnen; B: Die neue Planungsrunde wurde eingeläutet.

einmal mehr wieder

einordnen etw. in bereits Geordnetes an entsprechender Stelle einfügen; B: Das AFG- (↗ S. 68) Lehrgut bitte in die Harrasse e.!
Einordnung

---

[1] E. kann als die Leitvokabel des zeitgenössischen Saloppismuß gelten, der in Kontoren und Büros seine Heimstatt hat, wobei ein E. gewöhnlich nicht von hinten, sondern von oben nach unten gemacht wird. B: Der Chef läßt den großen Hund von der Kette und vergattert seine Mitarbeiter, deren Vorlage nach seiner Ansicht keinen Hering hinter dem Ofen hervorlocken kann. »Was habt ihr denn da wieder in die Höhe frisiert?« donnert er. »Man sollte euch die Bäuche rasieren und den rechten Nasenflügel hochklappen! Wenn ihr nicht mehr auf der Schleuder habt, dann nehmt eure Puppenlappen und legt euch auf die Schienen! Wenn ihr nicht doch noch ein paar Pflaumen im Eierbecher habt, dann packt eure Tornister und laßt 'ne neue Walze anlaufen! Ich scheue mich nicht, meine Herrn, die Öfen auch unter Wasser zu heizen! Ich werde euch zeigen, wo der Luftballon zusammenfällt! Ihr werdet schon noch mitkriegen, wie der Heilige Geist mit Vornamen heißt!!!«

einpegeln, sich auf etw. sich einstellen

einplanen planen

Einplanung

-einrichtung Kleines Halbwort mit großer Zukunft! Verschiedenartigste ↗ VKE (↗ S. 77) beherrschen die Szene, die eine oder andere Frisiere. ist bereits gesichtet worden, die Einrichtung der Universität als Studiere. steht bevor, ebenso die der Toilette als Sanitäre., der Schusterwerkstatt als Schuhbesohle., der Bahnschranke als Verkehrsflußunterbrechungse. Richten wir uns ein auf die -e!

einschalten, sich eingreifen

einschätzen äußern, behaupten, bekräftigen, beurteilen, bewerten, erklären, meinen, sagen, versichern uuu.; ohne grammatisches Objekt besonders elegant: Ich schätze *so* ein.

Einschätzung

Einsichtnahme Einblick, Kontrolle

einsteigen in etw. sich an etw. beteiligen; B: in Diskussionen, Aktivitäten, Komplexregelungen, Vorberatungen, Kulturmaßnahmen e.

Einstieg

eintakten jmdn./etw. in ein Programm aufnehmen; B: 3 Geistesschaffende, 4 Fachschulkader, 2 Frauen und Mädchen sowie 1 Jugendlichen in den Kaderentwicklungsplan e.

eintasten (Datenverarbeitung) anordnen; B: Die Bereitstellung der tomatisierten Kraftbrühe für die Schülerspeisung ist bereits schon eingetastet.

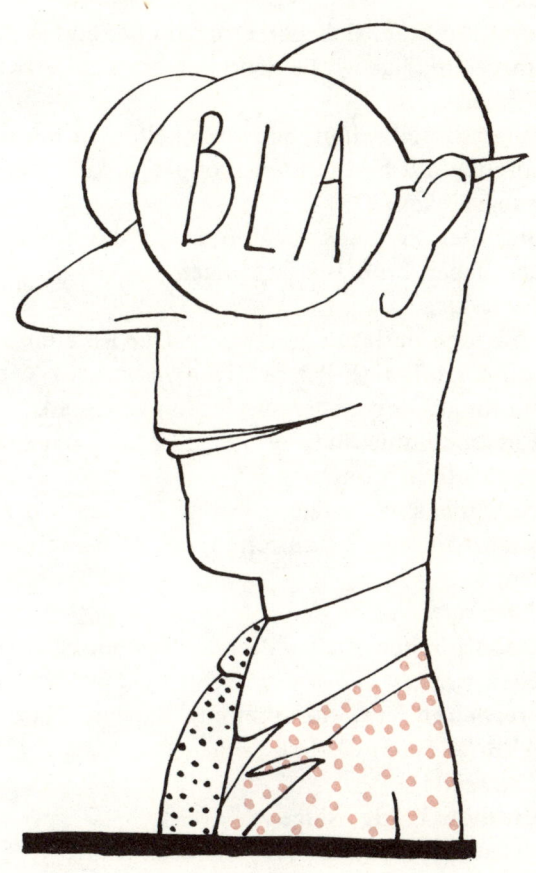

einwandfrei großartig, gut, hervorragend; B: »Also, ehrlich mal, der Peter Schreier, der singt e.!«

emotionieren, sich sich erregen über etw.; B: Die unregelmäßige Müllentsorgung emotioniert viele Bürger.

Engpaß zeitweilige Schwierigkeiten in der Versorgung mit bestimmten Produkten, kurz Versorgungslücke

entfalten mit etw. beginnen; B: das frohe Jugendleben breit zur E. bringen.

Entfaltung

entrollen darlegen, zeigen; B: Der Referent entrollte großartige Perspektiven in puncto Veranstaltungen mit höherem Geselligkeitsgrad.

Entscheidungsfindung Suche [!] nach der richtigen Entscheidung

entschlacken reinigen; B: das Referat von Fakten e., die, weil sie zutreffen, uns nicht weiterhelfen

Entschlackung

entwirklichen sich falsche Vorstellungen machen von etw.

erarbeiten etw. ausarbeiten; B: den Plan der ALB (↗ S. 68) e.

Erarbeitung

Erdmöbel Sarg, Särge

Erdstofftransport Kies- oder Sandfuhre

erfolgen ↗ Substantivismuß, S. 90

erforderlichenfalls falls erforderlich

Erlebnisbereich Teil einer gastronomischen Einrichtung, in der der Gast etw. erleben kann; B: Mit der niveauvollen Ausgestaltung eines Erlebnisbereiches haben wir in unserer HOG[1] einen weiteren Schwachpunkt stabilisiert.

erstellen etw. aufstellen, ausarbeiten, entwerfen: eine Analyse, einen Bericht, ein Referat, eine Brandschutzordnung, aber auch eine Vielzahl von WE (↗ S. 77), gastronomische Imbißkomplexe, eine Berufsbekleidungsboutique uuu. e. *Erstellung*

etwaig eventuell; B: Bei etwaigem Tempoverlust in der Vertikalbegrünung[2] werden wir das Stadtgartenamt in die Pflicht nehmen.

exakt genau [seit genau nicht mehr genau genug ist]; B: E. in der 57. Min. schoß Mittelstürmer Nieselpriem das Leder e. um Haaresbreite am Tor vorbei.

Extras zusätzliches, zusätzlich zu bezahlendes Zubehör [sehr gebräuchlich beim Handel mit sehr gebrauchten PKW[3]]

---

[1] HO-Gaststätte
[2] Anpflanzen von Efeu, wildem Wein uuu. an Fassaden
[3] Personenkraftwagen

Fahrausweis Fahrschein, Fahrkarte, ↗ Beförderungsdokument

Fakt Tatsache; B: »Was ist F.?« – »Das ist F.!«

Fehl (Wirtschaft) Defizit; B: Auf das Arbeitskräftef. reagieren wir mit sofortiger Aufgabe einer F.-Anzeige.

-feld Bereich, Gebiet; B: Blick-, Gesichts-, Haupt-, Prüf-, Spannungs-, Tätigkeits-, Um-, Vor-, Wirkungs*feld* uuu. -feld macht die Feldüberlegenheit des Neudeutschen besonders echt transparent.

fernmündlich (geh.) telefonisch

festmachen, etw. an etw. sich beziehen auf etw.; B: Er machte die Problematik Arbeitszeitauslastung an den Stillstandszeiten im laufenden Quartal fest.

festnageln, jmdn. auf etw. jmdn. auf etw. festlegen, auch: jmdm. ein Versprechen abnehmen

festschreiben schriftlich fixieren; B: gesellschaftliche Normen f.

Festschreibung [nicht: Festschrift]

Figurenkarussell kunstgewerbliche Weihnachtspyramide

flächendeckend umfassend, vollständig

Flanke bestimmter Bereich; B: Nachdem Kollege Lorbaß jahrelang als Schrankenwärter an der Strecke Berlin–Rostock tätig war, arbeitet er nunmehr an der Flanke WtB (↗ S. 79)

Frage[1] wie ↗ Problem, mitunter aber leichter zu beantworten; Angelegenheit, die der Klärung bedarf. Die F. kann – und sollte! – an jedes Substantiv von A (Absatz-, Alters-, An-, Agrar- uuu.) bis Z (Zeit-, Zusatz-, Zweifels-, Zwischen- uuu.) angehängt werden.

Frauenberufsmantel Kittelschürze

freilenken (Verwaltung) Wohnungen für Wohnungssuchende freimachen
Freilenkung

Freiraum von Fremdbestimmung freier, Selbstverwirklichungsambitionen günstiger Individualbereich

Frotteevorbinder Kinderlätzchen

Fruchtstielbonbon Dauerlutscher

---

[1] Die F. läßt so gut wie alles mit sich machen: Sie steht, nachdem wir sie in den Raum gestellt haben, in demselben, jedoch nicht lange. Bald schon wird sie berührt, angedacht, beleuchtet, ventiliert, angeschnitten, angerissen, aufgerissen, aufgerollt und konkret aufgeworfen. Es empfiehlt sich, sie anschließend intensiv zu behandeln.

Fußgängerschutzleuchte[1] Taschenlampe
fußläufig zu Fuß; B: Achtung, Fahrgäste! Den wegen Gleisbauarbeiten gesperrten Streckenabschnitt bitte f. zurücklegen!

Ihr Nahverkehrsbetrieb

Gänze, zur ganz
ganzheitlich umfassend
gelangen ↗ Substantivismuß, S. 90
genau! ja [seit das Ja an Bejahungskraft mehr und mehr einbüßt]
-geschehen Was ist -g.? -g. bezeichnet als Nachsilben-Verschnitt den Plural registrierter Ereignisse: Bau-, Kampf-, Kultur-, Spiel-, Sport-, Unfallg. uuu.

---

[1] Problem Leuchte/Lampe/Glühbirne: Als Lampe bezeichnen wir eine künstliche Lichtquelle, nicht aber eine Lampe, welche ja nur den eigentlichen Beleuchtungskörper darstellt, in welchen wir eine Lampe zum Zwecke der Beleuchtung hineinschrauben. Eine Lampe ist demnach, wie der Name schon sagt, derjenige Bestandteil einer Leuchte, welcher leuchtet. Die Glühbirne ist folglich keine Leuchte, sondern eine Lampe in obstähnlicher Gestalt. In diesem Sinne bleibt der Begriff Lampenfieber bis auf weiteres vertretbar. Die Umbenennung des Feldhasen erfolgt demnächst, und zwar in Meister Leuchte.

gestanden erfahren; Gerichtsbericht: N. N. (39), der gestandene Sprinter, gestand, sich an M. M. (49), einem gestandenen Setzer, vergangen zu haben.

Getränkestützpunkt VST (↗ S. 77) für alkoholische Getränke und AFG (↗ S. 68)

gewichtig wichtig; B: gewichtige Erfolge im Leichtbau

Gewichtung Wertung; B: die Gewichtung der verschiedenen Einzeldetails

Gewindestift Schraube

gezielt auf ein bestimmtes Ziel gerichtet

globalisieren verallgemeinern

-grad wertender Wortbestandteil; B: hoher Bekanntheits-, Beliebtheits-, Frische-, Geselligkeits-, Veredlungs-, Vorfertigungsg.; das Neudeutsche – eine -gradwanderung!

greifen (Technik) wirken; B: Die Maßnahme greift hervorragend.

Größenordnungen, in [Supersteigerung: viel, mehr, am meisten, in G.!] unübersehbare Mengen von etw.; B: Es geht um die Globalisierung einzelner Bestmethoden in G.

Großvieheinheit Rind, GVE (↗ S. 71)

Handlungsbedarf höchste Zeit, etw. zu tun; B: Für die Auslösung neuer Initiativen liegt H. vor.

Handschlagrute drahtiges Küchengerät, vormals Schneebesen

Hauptschwerpunkt wichtigste Aufgabe

Hauspostschließfachanlage Briefkästen

hautnah unmittelbar; B: Bericht vom Damenfußball: »Die gegnerische Torjägerin wurde h. manngedeckt.«

herantreten an jmdn. um etw. ersuchen; B: Stehenden Fußes trat er mit einem Anliegen an seinen Leiter heran.

Herantreten

herausarbeiten etw. hervorheben; B: Im Referat wurde die Frage der Winterfestmachung deutlich herausgearbeitet.

herauskristallisieren, sich sich herausbilden, sich abzeichnen

hinterfragen nach etw. fragen; B: Es gilt, die Intentionen des Autors kritisch zu h.

Hintergrundinformation vertrauliche Zusatzmitteilung

hochkarätig erstklassig

hochziehen, sich an etw. ein Argument überstrapazieren; B: Er zog sich hoch an dem Fakt, daß der Geldautomat noch immer nicht, wie vorge-

sehen, umbenannt sei in Zahlungsmittelauswurf-
gerät.

Holzgliedermaßstab hölzerner Zollstock
Hörfunksalon Radioladen

immer allerrelevanteste Komparationsvokabel: i.
planmäßiger, i. kindgerechter, i. hundertprozen-
tiger; B: Die Abarbeitung der Instandsetzungen[1]
erfolgt i. pünktlicher und i. lückenloser.
in ↗ Substantivismuß, S. 89
Inangriffnahme energisches Beginnen
Inanspruchnahme Anforderung
Inbeginnahme Beginn, Start

---

[1] Das Neudeutsche zeichnet sich aus durch immer leiden-
schaftlichere Pluralophilie.
B: »… kann es in unserem Territorium zu 15 Meinungs-
und Erfahrungsaustauschen, 16 Baugeschehen, 17 Renovie-
rungen, 18 Werterhaltungen, 19 Modernisierungen, 21 Ra-
tionalisierungen, 21 Einsparungen, 22 Energieträgerablö-
sungen, 23 Ingang- und 24 Instandsetzungen.«
Der Satz »Unser Betrieb erhielt 4 AWG-Aufnahmen« bedeutet in der Regel, daß 4 Betriebsangehörige in die Arbei-
terwohnungsbaugenossenschaft aufgenommen wurden und
nur in *Ausnahmefällen*, daß unser Betrieb 4 Fotografien erhielt, auf denen das AWG-Gebäude abgebildet war, For-
mat 7 × 10.

in etwa ungefähr [seit ungefähr nicht mehr ungefähr genug ist]

initiativ sein/werden rührig, aktiv/den Anstoß gebend

initiativreich

Inkenntnissetzung Information, Unterrichtung; B: Die neue Ortssatzung wird zwecks I. aller Bürger am Schwarzen Brett publiziert.

Innutzungnahme Beginn der Nutzung; B: Die I. des Aggregats erfolgte extrem zögerlich.

integrieren einbeziehen

interpretieren (Musik/Theater) etw. künstlerisch wiedergeben; B: Der Interpret interpretierte seinen preisgekrönten Titel »Weißt du, wieviel Fragen stehen?«

Interpret[1]

interpretatorisch

irrelevant (geh.) unwichtig [seit unwichtig nicht mehr unwichtig genug ist; nicht: irre levant]

---

[1] Fast schon gleichbedeutend mit *Schlagersänger*. Die Bezeichnung *Interpret* sollte Sängern mit internationaler Karriere vorbehalten sein; für Bürger, die im nationalen Rahmen interpretatorisch tätig sind, dürfte die Bezeichnung *Pret* vorerst genügen.

Jahresendflügelfigur kunstgewerblicher Weihnachtsengel

Nieder mit dem Weihnachtsmann! Wer glaubt schon noch an ihn. Es lebe der Jahresendmann! Analog bildet der standhafte Atheist Jahresendfeier, -abend, -baum, -bescherung, -gans, -gebäck, -geschenk, -gratifikation, -markt, -stern und -insel (Christmas Island).

jein weder ja noch nein [unentbehrliche Vokabel für unsere Jenachdemer]

Kapselheber Flaschenöffner

Kinderkombination Kindergarten und Kinderkrippe unter einem Dach; B: Die neuen kindgerechten Mahlzeitempfehlungen wurden bis in die letzte K. durchgestellt.

Kleinerzeuger Kleingärtner oder -tierhalter; B: Bereichert wird die Angebotspalette durch den Aufkauf von Kleinerzeugern.

kommen ↗ Substantivismuß, S. 90

Kommunikativität Fähigkeit, sich verständlich

zu machen; B: Die K. der Gedichte Heiner Maria Muggenpuhls hat spürbar zugenommen.

Komplex ein Ganzes, das aus unentwirrbar vielfältig miteinander verflochtenen Teilen besteht; B: K.-Annahmestelle, K.-Brigade, K.-Technologie, K.-Wettbewerb; aber auch: Bestellk., Erholungsk., Ödipusk., Imbißk., Minderwertigkeitsk., Wohnk., Mähdrescherk. uuu. [Durch Komplexe zum Erfolg!]

konditionieren Bedingungen schaffen; B: Durch einen Steilpaß wurde der Mittelstürmer so konditioniert, daß es ihm frei vor dem leeren Tor stehend gelang, vorbeizuschießen.

Konditionierung

konkret anschaulich, augenfällig, bestimmt, faßbar, gegenständlich, genau, greifbar, sichtbar, wirklich uuu.

Konkretheit

Konkretisierung

konkretisieren

kontakten, jmdn. mit jmdm. Verbindung aufnehmen

kontern (Sport) entgegnen; B: Der kontroverse wissenschaftliche Meinungsstreit verschärfte sich, als Prof. Dr. Kraft-Mayr mit einer Vielzahl gewichtiger Denkanstöße konterte.

kreativ schöpferisch [seit schöpferisch nicht mehr kreativ genug ist]

Kreativität

kurzschließen, sich sich (unter Umgehung des

Dienstwegs) absprechen; B: Aufgrund erfolgter Hinweise in Sachen Heizstufenüberschreitung werden wir uns mit dem Energiekombinat umgehend k.

-landschaft Bereich, Gebiet; B: Kabarett-, Kino-, Kultur-, Kunst-, Schlager-, Theaterl. uuu. [Achtung! -1. im Neudeutschen ausschließlich für gesellschaftliche Erscheinungen gebrauchen; soll die Natur doch sehen, wo sie bleibt.]
Lehrkörper Gesamtheit der Lehrer einer Schule [nicht: Aktmodell]
leichtmusisch zur Unterhaltungskunst gehörig; aus einer Rezension: Der durch seine Intepretation von E-Musik renommierte Klangkörper wußte auch 1. zu gefallen.
Lernanfänger (irreführend für) Schulanfänger
letztendlich schließlich, endlich, letztlich
Lichtsignalanlage (Verkehr) Ampel (↗ LSA, S. 74)
limitieren begrenzen
Limit
Luftdusche Fön

-macher Einer, der weiß, wie's gemacht wird: Buch-, Bücher-, Büchsen-, Filme-, Lieder-, Spaß-, Verse-, Wetterm. uuu. [Humoristenhonorar = Spaßmacherlohn]

Mängelbefundung technische Diagnose

Maßnahme Aktion von Lenkungs- und Leitungsorganen; B: In Auswertung der Verkehrsmaßnahme an der F789 wurde die Erstellung einer LSA (↗ S. 74) für den Zeitraum III. Quartal eingeordnet.

Materialien richtungweisende Schriftstücke, Unterlagen; B: Materialien zur Vorbereitung und Durchführung

maximieren (geh.) vermehren, möglichst bis zum Maximum
Maximierung

minimieren (geh.) verringern, möglichst bis zum Minimum
Minimierung

mit neudt. Maßeinheit, die Extreme relativiert [Alt: Er ist einer der Besten. Neudt.: Er ist mit einer der Besten.]

mitziehen sich für etwas engagieren

motivieren, jmdn. jmdn. zu einer bestimmten Handlung anregen; B: Die stattgefundene handelspolitische Schulung motivierte die Verkaufskräfte, die Öffnungszeitunterschreitung in Wegfall kommen zu lassen.

Motivation

nachfragen bohrend fragen, ↗ nachhaken

nachgewiesenermaßen nachweislich

nachhaken zum zweiten und wiederholten Mal fragen, ↗ nachfragen

nachhinein, im hinterher

nachreichen (geh.) Unterlagen nachträglich einreichen

nachschieben hinzufügen; B: in der Diskussion noch ein Argument n.

nachvollziehen (geh.) jmds. Gedankengängen folgen können; B: Gestützt auf umfangreiche Erarbeitungshinweise gelang es dem Studenten, die historische Einbettung des Problems nachzuvollziehen. [Nachvollzugsanstalt: ungebräuchlich]

Naherholungsobjekt Ausflugslokal, Aussichtsturm, Park uuu.

nichtarbeitend Bevölkerungsgruppe, die nur in Stellenangeboten existiert

noch neudt. Maßeinheit zur Anhebung des Komparativs bis kurz vor das Niveau des Superlativs

Olympiamotto, neudt.: N. schneller, n. höher, n. weiter!

Novität Neuheit, neues Erzeugnis

Objekt[1] für die Allgemeinheit geschaffene Einrichtung; B: Gaststätte, Kaserne, Lager, VST

Objektumfriedung Mauer, Zaun

ökonomisieren etw. wirtschaftlich gestalten; B: Die nunmehrige Regelung ökonomisiert den Gesamtprozeß.

Ökonomisierung

opportun (geh.) angebracht, zweckmäßig

optimal gut [seit gut nicht mehr gut genug ist]

---

[1] Das Wirtshaus im Spessart ist demnach ein übles O., der Rummel ein Vergnügungs-, das Standesamt ein Eheschließungs-, der Hühnerstall ein Eierproduktions-, der Boxring ein Umschlagobjekt.

optimieren etw. so günstig wie möglich gestalten
Optimierung

Organ durch Gesetz, Satzung oder Vertrag mit bestimmten Aufgaben, Rechten und Pflichten betraute (leitende) Person(engruppe) in einem Bereich des gesellschaftlichen Lebens (und die entsprechende Institution); häufig: die Organe; B: ausführende, bewaffnete, gesellschaftliche, staatliche, übergeordnete, untere, wirtschaftsleitende Organe uuu.

orientieren, jmdn. auf jmdn. / etw. jmdn. auf jmdn. oder etw. hinweisen; B: Der Energiebeauftragte orientierte auf die Bestwerte der Eva (↗ S. 70)-Betriebe.

Ort, vor direkt, am Ort des Geschehens [nicht: Vorort]

Osterfüllartikel Papposterei oder -hase

Palette Spektrum, Auswahl; B: Für die umfangreiche P. der anstehenden Innutzungnahmen und Instandhaltungen benötigen wir die ganze Bandbreite der Gewerke.

Parameter Größe, Kennzahl [neudt. Betonung auf dem ersten e wie Gasometer, Tachometer uuu.]

personengebunden nur für eine bestimmte Person geltend

persönlich wertvolle Rückversicherungsvokabel, mit der Sprecher oder Schreiber die Subjektivität und Unmaßgeblichkeit vermeintlich riskanter Ansichten betonen können; B: Das ist nur meine ganz persönliche Meinung.

Persönlichkeit

Pflicht, in die nehmen sich, besser: jmdn. zur Arbeit anhalten

Plansilvester Tag der Jahresplanerfüllung [ungünstigenfalls erst im V. Quartal]

Planplus Planübererfüllung [Planminus: ungebräuchlich]

plazieren (Gastronomie) jmdn. [niemals: sich!] auf einen Platz setzen; [Unaktuell: Sie werden plaziert! Aktuell: Ihre Platzwahl erfolgt mit Hilfe unseres Servierpersonals.]

Position (universell verwendbar für) Anstellung, Behauptung, Bejahung, Einstellung, Einzelposten, Haltung, Lage, Ort, Standpunkt, Stelle, Stellung, Teil, Würde uuu.

Positivum[1] günstiger Umstand

Poster Plakat

---

[1] Zum Aufblasen und Blähen leerer Worte großartig geeignet, wird deshalb von Blähboys immer wieder gern genommen, ebenso: Negativum (miese Eigenschaft), Novum (etw. Neues), Kuriosum (etw. Sonderbares), Fascinosum (Attraktion).

Potenzen Kräfte und Mittel, die in die Waag-
schale geworfen werden können [in Ausnahmefällen: Singular möglich]
praktisch eigentlich; B: Es gibt p. nichts Prakti-
scheres als eine praktische Theorie.

Präsent (geh.) Geschenk; B: Kleine Präsente er-
halten die Freundschaft.
Präsentation (Handel/Kunst) Stil des Angebots;
B: ↗ Warenträger von höherem Gebrauchswert
gewährleisten eine optimale P. der Konsumgüter.
präsent sein (geh.) anwesend sein
Präsenz [nicht: Präsens]
Problem wie ↗ Frage, mitunter aber schwerer zu
beantworten
programmiert sein auf etw. vorbereitet, gefaßt
sein auf etw.
prominent beruflich oder gesellschaftlich einen
besonderen Rang einnehmend, durch Leistung
oder Stellung (unter Vergleichbaren) hervorragend und daher von maßgeblicher Wirkung im
öffentlichen Leben
Prominenz [Gesamtheit der Leute, die von sich
annehmen, sie seien prominent]

rasant sehr schnell, atemberaubend

Rasanz

Raumheizer keramische Feuerstätte [veraltend: Ofen]

realisieren etw. verwirklichen; B: Eine Vielzahl zusätzlicher Aktivitäten wurde realisiert.

Realisierung

reinwürgen, jmdm. eine jmdm. übel mitspielen, jmdn. ↗ abbürsten

Reizwort Wort, das nicht in die politische Landschaft paßt, daher beispiellos, d. h. ohne B:

relevant (geh.) wichtig [seit wichtig nicht mehr wichtig genug ist]

Rezension: »Das jüngste Epos des NPT (↗ S. 75) überzeugte mehr durch poetische Vitalisierung relevanter Strukturen als durch verbal festgemachte Aussagen.«

Relevanz

resultieren aus stammen von, sich ergeben aus etw.; B: »Meine Bekanntschaft mit FZA ( S. 70) Runkelbauer resultiert noch aus unserer gemeinsamen Studienzeit.«
rezipieren aufnehmen [ein Fascinosum für Kunstrezensenten!]
Rezipient[1] – Betrachter, Hörer, Leser, Zuschauer
Rückgängigmachung Widerruf

Sachstand Sachlage
saunieren sich aufhalten in der bis zu 90 °C oder darüber erhitzten Luft der Sauna
Schadnagerbekämpfung Rattenvertilgung
-schaffender einer, der etw., sich oder sich etw. schafft; B: Bühnen-, Einzel-, Film-, Geistes-, Kultur-, Kunst-, Laien-, Mode-, Theater-, Volkskunstsch. uuu.
Schmuckbaum Weihnachtsbaum
Schokoladenhohlkörper Osterhase, Weihnachtsmann und ähnliche Traditionsrepräsentanten und -onkel

---

[1] Sprichwort, altdt.: Wer nicht hören will, muß fühlen!
   Sprichwort, neudt.: Rezipienten, die akustische Rezeption nicht akzeptieren, rezipieren gefälligst emotional.

Schraubendreher[1] Schraubenzieher

Schrittmacher (Sport) Motorradfahrer, der bei Steherrennen vor dem tretenden Steher herfährt, um ihm Beine zu machen; [mit ähnlicher Funktion auch allgemein] Durchreißer, Vorbild

Schüttgutbehälter, flexibler, transportabler Sack, ↗ Weichraumcontainer

Schwachstelle Achillesferse

Sehhilfe Brille

-seitig Seitenstichwort: all-, handels-, leitungs-, liefer-, produktionss. uuu.

Selbstlauf ohne Steuerung verlaufendes Geschehen, Spontaneität[2]; B: das Jogging nicht dem S. überlassen

Selbstlochung Zweckbestimmung eines Selbstlochungsautomaten, d.h. eigenhändige Entwertung einer Fahrkarte [nicht: Selbstverstümmelung]

Selbstverwirklichung Entfalten der eigenen An-

---

[1] Achtung: Diesen Dreher nicht verwechseln mit dem Zerspannungsfacharbeiter seligen Angedenkens. Überhaupt scheint dieser neudt. Terminus noch nicht rundum ausgereift zu sein, denn: Ist nicht auch der Schraubenschlüssel seiner Natur nach Schraubendreher? Na, und ob! Daraus folgt, daß der ehemalige Schraubenzieher als Vertikalsch., der Mutterndreher hingegen als Horizontalsch. bezeichnet werden sollte. Und wieso eigentlich Schraubendreher, wenn die Schraube in unserer Muttersprache längst Schlitzkopfgewindebolzen heißt?

[2] Die Spontaneität, und sie vor allem, muß niveauvoll organisiert werden.

lagen und Fähigkeiten [Was jedermann erstrebt und nie erreicht, weil leider kein Mensch weiß, ob es etw. bedeutet und wenn ja, was und vor allem, wann es soweit ist.]

Service Kundendienst; B: Auto-, Blumen-, Hausbrand- (Kohlenhandel, nicht Feuerwehr!], Laufmaschen-, Oberhemden-, Reifens. uuu.

Sichtelement Plakat, Spruchband

Singe (Jugendsprache) gemeinsames Singen

sofortig unverzüglich

Speisenproduktionsbetrieb Großküche

Spitze etw., das eine Norm überragt; B: »Sportfreunde, in unserer Sportart ist die Sp. breiter geworden und die Breite spitzer.«

Stadtbilderklärer Stadtführer

stattgefunden sich ereignet habend; B: Die stattgefundene Leitungsberatung stellte mit dem Kundendienstservice ein unbestelltes Problemfeld konkret in den Raum.

stehen, ins Haus angekündigt sein; B: Bei tafelfertigen Suppen st. drei Neu- und Weiterentwicklungen ins H.

stellen, sich bereit sein, etw. zu leisten; B: sich den gestellten Aufgabenstellungen st.

Stellenwert Bedeutung, Rolle; B: Die Abarbeitung der erteilten Auflagen hat gesamtgesellschaftlich einen hohen St.

-stellung zu stellen; -st. kann man immer und zu fast allem stellen: Auf- und Ab-, Ein- und Aus-, Vor- und Zurück-, Über- und Unterst. uuu.

stimmig mit dem tatsächlichen Sachverhalt übereinstimmend

Stimmigkeit; B: Richtungweisend war das Referat vor allem aufgrund der St. der Einbettung der Rolle Stülpner-Karls ins historische Beziehungsgefüge.

-szene Bedeutung wechselhaft; B: Alkohol-, Folklore-, Kunst-, Musik-, Pop-, Rock-, Schlager-, Show-, Jazz-, Filmemacher-, Verunfalltensz. uuu. [Bei Verwendung: -sz. zusammenbeißen und lachen!]

temporär (geh.) zeitweilig

terminieren Termin/Termine vereinbaren, noch besser: terminisieren,

Terminierung, Terminisierung

Territorium örtlicher Bereich (Wohngebiet, Gemeinde, Stadt); B: energiewirtschaftlich vorbildlich arbeitendes Territorium

-thek bezeichnet eine systematisch geordnete Sammlung; vor Jahren noch genügte uns die Biblio-, nun aber verfügen wir bereits über die Arto-, Dia-, Dispu-, Disko-, Filmo-, Foto-, Glypto- (Skulturensammlung), Hobby-, Karto-, Konfron- und Linguath.; der Umbenennung der

Apotheke in Apoth. steht kaum noch etw. im Wege. Der schönste Platz ist immer an der -th.

therapieren behandeln [seit behandeln nicht mehr therapeutisch genug ist]

Tierkörperbeseitigungsanstalt Abdeckerei

Tischbanner Tischfähnchen

Tonmöbel Radio, Fernseher, Flügel, Klaviere [nicht: Keramik]

-träger zu tragen; B: Banner-, Bedarfs-[1], Daten-, Doppel-T-, Energie-, Hosen-, Leistungs-, Rechts- und Links-, Titel-, Würdent. uuu.

transparent klar, verständlich [seit klar nicht mehr verständlich genug ist]

Transparenz; B: die Relevanz des Problems zur Transparenz gelangen lassen

tunlichst (geh.) möglichst

Tunlichkeit

überfrachten überladen; B: Der Messereport war mit Informationen überfrachtet.

überfragt sein etw. nicht wissen (können); B:

---

[1] Hinweise im Schaufenster: Diese VST (↗S.77) ist vom Rat des Bezirkes berechtigt, Verkauf an gesellschaftliche Bedarfsträger durchzuführen.

»... und wenn ihr mich nach den Schwachpunkten unserer schlagbezogenen Höchstertragskonzeption fragt, Kollegen, dann muß ich euch leider sagen: Da bin ich ü.!«

übergreifend übergeordnet; B: »Mein Mann bekleidet eine übergreifende Funktion im Anglerverband.«

Überhang (Wirtschaft) nicht verbrauchte oder verkaufte [oder nicht absetzbare] Waren.

überrepräsentiert (geh.) zu stark vertreten

umfunktionieren etw. ändern und für einen anderen Zweck verwenden; B: Ein gastronomischer Verweilbereich wurde zu einer Streicheisverkaufseinrichtung umfunktioniert.

Umfunktionierung

umprofilieren ändern

Umprofilierung

umreißen (Betonung auf dem ei) etw. darstellen, schildern; B: Präzisiert und abgerundet umriß er seinen Standpunkt.

umsetzen etw. ausführen, verwirklichen; jmdn. in einen neuen Arbeitsbereich ↗ abstellen

Umsetzung[1]; B: Die U. der Sofortmaßnahmen erfolgt noch sehr differenziert.

undundund (uuu.) undsoweiter (usw.)

untererfüllen nicht erfüllen

Untererfüllung; B: Aufgrund objektiver Ursachen wurde eine beachtliche Planu. realisiert.

---

[1] Nicht umsetzsteuerpflichtig!

unterrepräsentiert (geh.) zu schwach vertreten

unterschreiten unter einer Höchstgrenze bleiben; B: Durch neue hochproduktive Methoden konnten die Kosten der Baumaßnahmen effektiv unterschritten werden.

Unterschreitung

untersetzen mit unterstützen durch (Fakten, Zitate, Autoritätsbeweise) [Sprich: unter*setzen,* nicht: *unter*setzen!]

Untersetzung; B: Die materielle U. der kreislichen Zielstellung auf die nachgeordneten Räte erfolgt bürgernah und kontinuierlich.

unverbrüchlich unerschütterlich

Unverbrüchlichkeit

ventilieren, etw. etw. sorgfältig prüfen; B: Das Problem einer Ausnahmegenehmigung wurde im Rat der Stadt zielzentriert, intensiv und effektiv ventiliert.

verabfolgen (geh.) jmdm. etw. geben

Verabfolgung

verabsäumen versäumen

verabsolutieren einem Sachverhalt uneingeschränkte Gültigkeit zuweisen

Verabsolutierung

verausgaben Geld ausgeben, ↗ verauslagen
Verausgabung

verauslagen jmdm. Geld auslegen, ↗ verausgaben

verbleiben (geh.) übereinkommen, sich vereinbaren; B: V. wir so, daß Sie einen Tag länger am Urlaubsort v.

verbraten etw. nutzlos verbrauchen

verdichten statistische Ergebnisse für die nächsthöhere Ebene aufbereiten, abstrahieren
Verdichtung[1]

veredeln wertvoller machen; B: eine weitere Leistungssteigerung bei der V. von Obst zu Kompott
Veredelung

vereinnahmen kassieren
Vereinnahmung

vereinseitigen etw. in einseitiger Weise tun oder darstellen
Vereinseitigung

vergattern (Militär) jmdn. verpflichten zu etw., verwarnen

verkomplizieren etw. unnötig komplizieren; B: Man darf das Komplizierte nicht über seine ihm innewohnende Komplikation hinaus noch v.

verkonsumieren verzehren, verbrauchen

verladen, jmdn. jmdn. täuschen

---

[1] Wäre Goethe mehr Minister als Dichter gewesen, seine Lebenserinnerungen trügen den Titel »Verdichtung und Wahrheit«.

verlangtermaßen (geh.) wie es verlangt wurde

verplanen planen [nach Möglichkeit nicht: sich v.]

Versandtasche Briefumschlag

versimplifizieren, etw. etw. übermäßig vereinfachen; B: Redundanz ist, versimplifiziert gesagt, viel Lärm um nichts.

Versimplifizierung

verstärkt zunehmend; B: Im Vorfeld des Frühjahrsputzes waren v. Bürgerinitiativen zu verzeichnen.

verunfallen einen Unfall erleiden

Verunfallter

Verunfallung

verunmöglichen vereiteln

Verunmöglichung

Verzichtleistung Verzicht

Vielzahl, eine (geh.) viele

voll völlig, unvermindert; B: Für die jungen Kader fühlt sich die Abteilung KBS (↗ S. 72) v. verantwortlich.

vollinhaltlich völlig, den gesamten Inhalt betreffend; B: Die Kommission stimmte dem vorgetragenen Denkmodell v. zu.

vorab im voraus; B: Die Mitglieder der Leitung werden v. informiert.

vorantreiben voranbringen, fördern; B: Durch die Nutzung nachvollziehbarer Bestmethoden gelang es uns, die WAO[1]-gerechte Ausstattung des Jugendobjektes Servicedienstleistung weiter voranzutreiben.

vorbehaltlich (geh.) unter der Bedingung, daß

vorberaten etw. zum Zwecke gegenseitiger ↗ Abstimmung in kleinem Kreis schon vor der eigentlichen Beratung erörtern
Vorberatung

vordenken geistiges Aufbereiten eines Sachverhalts durch einen Mitarbeiter für den Chef
Vordenker

Warenträger (Handel) Regal

Wegfall, in ... kommen (geh.) wegfallen

Weichraumcontainer Sack, ↗ Schüttgutbehälter, flexibler transportabler

Weizenkleingebäck Brötchen, Schrippen, Semmeln B: Die Versorgung des Territoriums mit W. wurde flächendeckend gestaltet.

---

[1] wissenschaftliche Arbeitsorganisation

welthaltig W., vermute ich, ist ein Kunstwerk, das Menschheitsprobleme größeren Kalibers behandelt, etwa ein DEFA-Film, in dem Indianer mitspielen.[1]

Welthaltigkeit

Werkstatt[2] einst nur Arbeitsraum von Handwerkern, heute auch künstlerische Veranstaltung; B: Choreographen-, Jazz-, Kabarett-, Musik-, Rezitatoren-, Singe-, Theaterw.; Werkstatt-: -ausstellung, -gespräch, -tage, -woche, -theater uuu.

-wesen Gesamtheit der Einrichtungen oder Vorgänge, die zu etw. oder jmdm. gehören

Dieses höhere -w., das wir verehren, findet sich z. B. in An-, Bau-, Brau-, Bestattungs-, Dienst- und Gebrauchshunde-, Erholungs-, Flug-, Forst-, Gemein-, Paß- und Melde-, Post- und Fernmelde-, Staats-, Unw. uuu.

Winkelement Papierfähnchen

Wohnungseinheit Wohnung, WE (↗ S. 77)

---

[1] Wenn dies jedoch, was gut möglich ist, nicht zutrifft, bedeutet w. etwas anderes, noch Geheimnisvolleres.

[2] Werkstätten gibt's massenhaft, bloß Handwerker sind ein bißchen knapp.

Z

Zeitfonds Zeit [Alt: »Keine Zeit!« – Neudt.:
»Mein Z. ist ausgeschöpft.«]

Zielsetzung Ziel, ↗ Zielstellung; B: Unsere Z. –
alle erschließbaren Reserven in der vollen Breite
mit Nachdruck ausschöpfen!

Zielstellung Ziel, ↗ Zielsetzung; B: Unsere Z. –
Bedürfnisbefriedigung entsprechend des Be-
darfs![1]

zielzentriert zielgerichtet

zögerlich abwartend, zaudernd, zögernd

zuarbeiten, jmdm. für jmdn. eine Teilarbeit ver-
richten; B: Unsere Abteilung ist beauflagt, dem
Direktor für seine Diskussionsgrundlage Eckdaten und Denkanstöße zuzuarbeiten.

Zuarbeit

zuführen etw. in Richtung auf etw. betreiben; B:
das Problem der Bereitstellung von Ersatzteilen
für individuelle Bedarfsträger abstrichlos einer
Lösung z.

Zuführung

Zugewinn Zunahme; B: Wackerbarths neuester
Schwank zeichnet sich aus durch einen Z. an
Welthaltigkeit.

zukommen auf jmdn. jmdm. steht etw. bevor,

---

[1] Bitte den eleganten Genitiv beachten!

↗ stehen, ins Haus; B: Ein feststehender Termin kommt auf uns zu.

zumindestens zumindest

Zündwaren Streich-, Zündhölzer (auch Zündmittel)

Zurverfügungstellung Überlassen einer Sache zu beliebiger Verwendung

zutiefst höchst; B: Er war vom Hochgebirge z. beeindruckt.

zweifelsohne (geh.) ohne Zweifel, gewiß

Zweiradsalon Laden, der Motor- und Fahrräder führt oder führen sollte

zwischenzeitlich inzwischen, mittlerweile

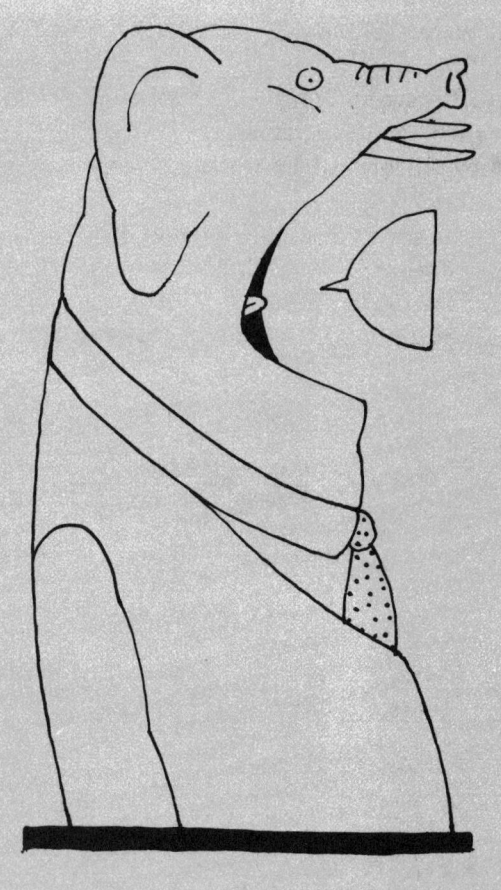

IN DER K.[1] LIEGT DIE W.[2]

Wer den Lesesaal der wissenschaftlichen Biblio-
thek betritt, in dem auch ich hin und wieder stu-
dienhalber weile, trägt fein unleserlich seinen
werten Namen ins Besucherbuch ein, säuberlich
und akkurat dagegen die Bezeichnung seiner Institution: ZIG, WZZ, ZIAC, HUB, ITW, HAK,
ZISW, ISS, ZIPh, FCW, ZIID, ZIPC, WTO ...
Damit jeder gleich auf den ersten Blick weiß, mit
wem er es zu tun hat.

Vor einiger Zeit wurden mir laut Kontoauszug
96 Mark überwiesen, und zwar vom/von der[3]
BAK WDB OEYW BERLIN. Obwohl man mir
eine gediegene Bildung auf dem Gebiete der
Abk.[4] nachredet, weiß ich bis heute nicht, wem
ich diese Summe verdanke, und schaudere bei
der Vorstellung, ich hätte es im Falle einer
Abbuchung von meinem Konto nicht herausbe-
kommen.

---

[1] Kürze
[2] Würze
[3] Nichtzutreffendes bitte streichen.
[4] Abkürzung(en), auch Abkz., Abkzg.

Die sprachliche Kurzwelle kommt nicht von ungefähr. Wer beispielsweise den Firmennamen VEB Obererzgebirgische Posamenten- und Effektenwerke Annaberg-Buchholz in den Mund nimmt, gerät zwangsläufig in Zeitnot, und erst als Rentner werde ich es mir erlauben können, die Kalthärtende Silikonkautschuk-Einkomponenten-Paste sprachlich bis zum zartbitteren Ende auszukosten.

Kurzum, ein rationeller Sprachgebrauch unserer Gebrauchssprache wäre ohne Kürzel undenkbar. Vorbehaltlos bekennen wir uns zu ihnen, auch wenn/obwohl/gerade weil Sprachromantiker hämisch behaupten[1], mit jeder neu eingeführten Abk. gewinne der Analphabetismus an Boden.

Die folgende Abk.-Auflistung beinhaltet eine Auslese der schönsten, rassigsten, liebenswürdigsten und kürzesten Abk., denen wir heute oder morgen, spätestens aber übermorgen im Alltag begegnen können, Abk., die wir zu einem großen Teil sogar im Akülex[2] vergeblich zu finden suchen.

Aus Platzgründen beinhaltet die Auflistung *nicht* oder nur in Ausnahmefällen

---

[1] B: das polemische Wortspiel: In dürren Lettern säuselt der Wind ...

[2] Abkürzungslexikon

- Abk. der Zeitungsanzeigen – etwa dkl.-bld. (dunkelblond), kd.-lb. (kinderlieb), NR (Nichtraucher), NT (Nichttrinker), m.-l. WA (marxistisch-leninistische Weltanschauung) ...,
- Abk., die für Betriebsbezeichnungen uuu. stehen – etwa ABK (Autobahnbaukombinat), UKR (Uhrenkombinat Ruhla) oder TiK (Theater im Kulturbund) ...,
- Abk., die nur in bestimmten Institutionen verwendet werden – etwa an der Uni[1]. Das SSK (Sozialistische Studentenkollektiv) verfügt über einen Wifu (Wissenschafts-), Kufu (Kultur-) und einen Spofu (Sportfunktionär) ...,
- Abk. der Massenorganisationen und Verbände – etwa ZK RHZ/RKZ des ZV des VKSK (Zuchtkommission Rassehundezucht/Rassekatzenzucht des Zentralvorstandes des Verbandes der Kleingärtner, Siedler und Kleintierzüchter) ...
- uuu.

Selbstredend ist exakteste Kenntnis sowohl der gängigen als auch der täglich neu durch Kurzschlüsse entstehenden Abk. von höchster Relevanz. Wenn buchstäblich keiner mehr durchsieht, ist noch längst nicht alles klar. FKK (↗ S. 70), BH-Ökonom (↗ S. 69), MOPS (↗ S. 74) oder

---

[1] Universität

WC (↗ S. 77) meinen nicht in jedem Fall das, was Sie, meine Herrschaften, meinen!

Lassen Sie sich kein X für ein U vormachen!

SEIEN SIE AXF DER HXT!

XND ZWAR RXND XM DIE XHR!

AA–ZZZ

AA	1. Arbeitsausschuß
	2. Auslandsabteilung
ALB	1. Allgemeine Lebensversicherungsbedingungen
	2. Anordnungen für die allgemeinen Leistungsbedingungen für Instandhaltungsleistungen an Kraftfahrzeugen
	3. Arbeits- und Lebensbedingungen
AFG	Alkoholfreie Getränke
AVKE	Ausweichverkaufseinrichtung
BAST	Betriebliche Aufgabenstellung
BBS	1. Betriebsberufsschule
	2. Bezirksbildungsstätte
BdaQ	Betrieb der ausgezeichneten Qualitätsarbeit
BFH	Betriebsferienheim
BFO	Betriebsferienobjekt
BFS	Betriebsfestspiele

BH-Ökonom	Binnenhandelsökonom
BKK	1. Betriebskurenkommission
	2. Braunkohlenkombinat
BOB	Berufsoffiziersbewerber
BPF	1. Betriebsprämienfonds
	2. Bezirksdirektion für das Post- und Fernmeldewesen
BTZ	Bezirkstrainingszentrum
BUB	Berufsunteroffiziersbewerber
CdW	Club der Werktätigen
DBW	Dauerbackwaren
DLB	Dienstleistungsbetrieb
DLE	1. Dienstleistungseinrichtung
	2. Durchlauferhitzer
DHM	(Hochschule) Dialektischer/Historischer Materialismus (vormals: Diamat/Histmat)
DOB	Damenoberbekleidung
DSH	Deutscher Schäferhund
EFB	Erd- und Feuerbestattung
EKZ	Einkaufszentrum
E-Musik[1]	Ernste Musik
ESG	(Hochschule) Entwickelte sozialistische Gesellschaft
ESP/TZ	(Schule) Einführung in die soziali-

---

[1] Analog: A-Schweißen (Autogenes Schweißen, I-Rente (Intelligenzrente), O-Suppe Ochsenschwanzsuppe), U-Musik (Unterhaltungsmusik)

	stische Produktion/Technisches Zeichnen
Eva-Betrieb	Energiewirtschaftlich vorbildlich arbeitender Betrieb
FAH	Feierabendheim
FBV	Flaschenbierverkauf
FBW	Fleischblutwurst
FFP	1. Feldflugplatz
	2. Frauenförderungsplan
FiKo	Fischkombinat
FKK	1. Finanzkontrollkommission
	2. Freikörperkultur
FleiKo	Fleischkombinat
FSG	1. Fachschulsportgemeinschaft
	2. Fernsprechgebühr
FZA	1. Fachzahnarzt
	2. Feuerwehrzwangsanholung[1]
FZB	Feuerzangenbowle
GAB	Gesundheits- und Arbeitsschutz sowie Brandschutz
GBT	Gesellschaftlicher Bedarfsträger
GD	1. Gottesdienst
	2. Generaldirektor
GEWI	(Hochschule) Gesellschaftswissenschaften

---

[1] Kurzschaltung von Fahrstühlen in Hochhäusern, die bewirkt, daß der Fahrstuhl im Notfall sofort ins Erdgeschoß geholt werden kann; nicht, wie die Bezeichnung vermuten läßt, Feuerwehrnotruf.

GKL	Geistig-kulturelles Leben
GMD	1. Generalmusikdirektor
	2. Geordnete Mülldeponie
GVE	Großvieheinheit
GVS	??? bleibt aus Geheimhaltungsgründen unerklärt
GWE	Gebrauchswerterhöhung
HA	1. Handelsabgabe
	2. Handelsabkommen
	3. Handelsattaché
	4. Hauptabschnitt
	5. Hauptabteilung
	6. (Fernmeldetechnik) Hausanschluß
	7. Hausaufgabe
	8. Haushaltsabteilung
	9. Heimarbeit
HBK	Hausbriefkasten
HKS	Hunde- und Katzensperre
HKW	Heizkraftwerk
HOB	Herrenoberbekleidung
HO Schriftsteller	Honorarordnung für Schriftsteller[1]

---

[1] Achtung Schriftsteller sowie Dichter! Die Buchstaben A, B, C, D, E, F, G, H, I, J, K, L, M, N, O, P, Q, R, S, T, U, V, W, X, Y, Z, und sie vor allen anderen, eignen sich hervorragend zur Herstellung einwandfreier Kurzgeschichten. Vor Gebrauch bitte schütteln, in geeigneter Weise abarbeiten und einordnen und – rechtzeitig aufhören. Sonst wird's ein Roman!

HRP	Hausreparaturplan
IBT	Individueller Bedarfsträger
IFA	Industrieverband Fahrzeugbau
JFK	Jugendforscherkollektiv
JFP	Jugendförderungsplan
JWG	Johann Wolfgang Goethe
KAUDN	(Fernmeldetechnik) Kein Anschluß unter dieser Nummer
KB	1. Kombinatsbetrieb
	2. Kulturbund
	3. (Landwirtschaft) Künstliche Besamung
KBP	Kultur- und Bildungsplan
KBS	1. Abteilung für Kader/Bildung/ Soziales
	2. Kaufmännische Berufsschule
KGA	Kleingartenanlage
KGW	Komme gleich wieder
Kiko	1. Kinderkombination (Kindergarten/Kinderkrippe)
	2. Kinderkommission
	3. Kinderkonfektion
KIZ	Kultur- und Informationszentrum
KKH	1. Kreiskrankenhaus
	2. Kreiskulturhaus
KOM	Kraftomnibus
KOT	Kinderobertrikotagen
KRH	Kohleraumheizer (vormals Ofen)
KSP	1. Kollektiv-schöpferischer Plan
	2. Körperschwerpunkt

KW	1. Kraftwerk
	2. Königs Wusterhausen
LEA	(Hochschule) Lager für Erholung und Arbeit
LEZ	Ländliches Einkaufszentrum
LKP	Luxuskörperpuder
LMB	Leichtmetallbauweise
LP	Langspielplatte (sprich Ellpie)
LSA	Lichtsignalanlage (vormals Verkehrsampel)
LRS	Lese- und Rechtschreibschwäche
LWH	Lehrlingswohnheim
MAZ	Magnetische Aufzeichnung
MBA	Mobile Bedürfnisanstalt
MFS	1. Mischfuttersilo
	2. Motorfährschiff
Mitropa	Mitteleuropäische Schlafwagen- und Speisewagen-Aktiengesellschaft
ML	1. (Hochschule Marxismus-Leninismus
	2. (Landwirtschaft) Mastleistungsbuch
	3. Mehrleistung
MOPS	Maschinenorientiertes Programmiersystem
MSG!	Mit sozialistischem Gruß!
NFG	Nationale Forschungs- und Gedenkstätten (der klassischen Literatur, in Weimar)

NFZ	Nikotinfreie Zone
NKE	Nationales Kulturerbe
NKW	Nutzkraftwagen
NPT	1. Nationalpreisträger(in)
	2. Netzplantechnik
NRB	Nichtraucherbahnhof

OB	1. (Militär) Oberbefehlshaber
	2. Oberbürgermeister
	3. Oberste Bergbehörde
OL	1. Oberlausitz
	2. Oberlehrer
	3. Orientierungslauf
OS	1. Olympiasieger
	2. (Hochschule) organisiertes Selbststudium
OWS	Olympische Winterspiele
PA	1. Personalausweis
	2. Postamt
	3. (Schule) Praktische Arbeit
	4. (Medizin) Primäraffekt
PALB	Plan der Arbeits- und Lebensbedingungen
PLZ	Postleitzahl
PMB	Postmietbehälter
PRZ	Pökelrinderzunge

PSP	Persönlich-schöpferischer Plan
PUE	Planuntererfüllung
QST	Quark-Sahne-Torte
RBK[1]	Rohbraunkohle
RFT	1. Rauhfasertapete
	2. Volkseigene Betriebe für Rundfunk- und Fernmeldetechnik
	3. Reit- und Fahrturnier
ROS	(Landwirtschaft) Reproduktionswirksame organische Substanz natürlicher Dünger, Mist)
RGE	Rauhfutterverzehrende Großvieheinheit ↗ GVE
RZK	Raum-Zeit-Kontinuum
SB	1. Selbstbedienung
	2. Selbstbeteiligung
	3. Servicebüro
SBW	1. Sozialistischer Berufswettbewerb
	2. Sozialistische Betriebswirtschaft
SEV	Schienenersatzverkehr
SFB	Sturmfreie Bude
SFW	Sülzfleischwurst
SMR	(Landwirtschaft) Schwarzbuntes Milchrind
SWH	Studentenwohnheim
SWFV	Selbstwählfernverkehr
SWP!	Sie werden plaziert!

---

[1] Mathematische Scherzaufgabe 3 × sieben = ?
Lösung: 3 × sieben = Rohbraunkohle!

SWS	(Hochschule) Sozialistisches Weltsystem
TOP	Tagesordnungspunkt
TSB	Tollwutsperrbezirk
TULP	Transport-, Umschlag- und Lagerprozesse
UWE	Umweltschutz/Wasserwirtschaft/Erholungswesen (Abteilung bei örtlichen Räten)
UWB	Unterwellenborn
VBE[1]	Vollbeschäftigteneinheit
VBH!	Vorsicht, bissiger Hund!
VIP	(englisch) very important person (bedeutende Person oder gar Persönlichkeit)
VKE	Verkaufseinrichtung (vormals Laden, Geschäft, Kiosk ↗ VST)
VPA	Versorgungspolitische Aufgabenstellung
VST	Verkaufsstelle ↗ VKE
VVO	Vaterländischer Verdienstorden
VVV	Vertrauensleutevollversammlung
WC	(deutsch/englisch) Welt-Cup
WE	1. Währungseinheit 2. Witterungseinflüsse 3. Wohn(ungs)einheit (vormals Wohnung)
WIG	Wegen Inventur geschlossen

---

[1] Eine VBE – wie stolz das klingt!

WHPSG	Wegen handelspolitischer Schulung geschlossen
WKG	Wegen Krankheit geschlossen
WWG	Wegen Warenannahme geschlossen
WtB	Waren täglicher[1] Bedarf
WTD	Wissenschaftlich-technischer Durchschnitt
WTF	Wissenschaftlich-technischer Fortschritt
WUT	Wagenladungsumschlagtarif
ZAK	1. Zentraler Arbeitskreis
	2. Zentraler Artikelkatalog
ZSA	Zirkel schreibender Arbeiter
ZZZ	(Fernmeldetechnik) Zeitzonenzähler

---

[1] Wir warnen alle aufrechten Verfechter des Neudeutschen auf das herzlichste vor den Einflüsterungen ewiggestriger Grammatik-Puristen, die nicht müde werden, uns der Genitivunterlassung zu zeihen. Aus dem Nominativ, meine Herren Puristen, und nur aus diesem, ergibt sich ja überhaupt erst der hochmodische Schmelz! Im übrigen darf das Neudeutsche in seiner Genitivzuwendung als unübertroffen gelten. Das belegen Konstruktionen von laokoonischer Verschlungenheit. Beispiel: »Die Intensität der Aktivitäten der Kosmetikerin der Gattin des Mitarbeiters des Stellvertreters des Vorsitzenden des Rates des Kreises uuu.« Das belegt auch ein Genitiv-Gebrauch auf Beugen und Brechen in Fällen wie »entsprechend des Beschlusses« »entgegen des Rahmenkollektivvertrages« oder »gegenüber vergangener Kontrollen«.
An allem kann man sich gewöhnen, bloß am Dativ nicht.

Gestern FKK[7], heute DFV[4]

Nachdem er gefrühstückt hatte, nahm der Dolm.[1] Röm.[2] den Zettel zur Hand, den er in seinem HBK[3] vorgefunden hatte: »Morgen 9 Uhr DFV[4]!« Der Auftrag gefiel ihm, er war Fußball-Fan[5].

Am Vortage hatte er auf einer VVV[6] der FKK[7] für eine Abordnung des RGW[8] gedolmetscht. Vertreter des BfN[9] der VEB[10] BBG[11], BVF[12] und FKB[13] waren präsent gewesen sowie wegen der anstehenden Reko-[14]Maßnahmen GAG[15], GAN[16], HAG[17], HAN[18] und NAN[19]. Umfassend diskutiert wurden BKV[20], WTF[21], ALB[22], FZR[23] und die Position ANG[24].

---

[1] Dolmetscher, [2] Römisch, [3] Hausbriefkasten, [4] Deutscher Fußball-Verband der DDR, [5] Fanatiker, leidenschaftlicher, begeisterter Anhänger, [6] Vertrauensleutevollversammlung, [7] Finanzkontrollkommission, [8] Rat für Gegenseitige Wirtschaftshilfe, [9] Betriebsbüro für die Neuererbewegung, [10] Volkseigener Betrieb, [11] Bodenbearbeitungsgeräte, [12] Berliner Vergaser- und Filterwerke, [13] Fleischkombinat Berlin, [14] Rekonstruktion, [15] Generalauftraggeber, [16] Generalauftragnehmer, [17] Hauptauftraggeber, [18] Hauptauftragnehmer, [19] Nachauftragnehmer, [20] Betriebskollektivvertrag, [21] Wissenschaftlich-technischer Fortschritt, [22] Arbeits- und Lebensbedingungen, [23] Freiwillige Zusatzrentenversicherung, [24] Ausschuß, Nacharbeit und Garantieleistungen

Überfordert hatte der Tag ihn nicht, er hatte schon für Delegierte der OMA[25], des OPA[26], der IGA[27], der ABF[28], der ABI[29] u.v.a.[30] gedolmetscht, aber DFV[4], dachte er, bleibt DFV[4]!

Um 8 Uhr 30 MEZ[31] verließ er seine WE[32] und entnahm dem HBK[3] das ND[33], die NBI[34], die DBZ[35] und die FF[36]-dabei. Chris[37] begegnete ihm, der Sohn seines Nachbarn Ni[38], der als BH-Ökonom[39] bei der WVOGS[40] arbeitete, einem BdaQ[41] und Eva-Betrieb[42]. Außerdem war Ni[38] sein Vors.[43] im VKSK[44] und sein Spfr.[45] in der VSG[46]. »Na, Chris[37]«, fragte Röm.[2], »heute PA[47]?« »ESP/TZ[48]«, sagte Chris[37], der dem FR[49] der JP[50] der 13. OS[51] angehörte.

---

[25] Organização de Mulheres de Angola, Frauenverband Angolas, [26] Office of Price Administration, britisches Preiskontrollamt, [27] International Golf Association, Internationaler Golf-Verband, [28] Association des bibliothécaires français, französische Bibliothekar-Vereinigung, [29] Associação Brasileira de Imprensa, Brasilianischer Journalistenverband, [30] und viele andere, [31] Mitteleuropäische Zeit, [32] Wohnungseinheit, [33] Neues Deutschland, [34] Neue Berliner Illustrierte, [35] Neue Deutsche Bauern-Zeitung, [36] Funk-Fernsehen, [37] Christoph, [38] Nickel, [39] Binnenhandels-Ökonom, [40] Wirtschaftsvereinigung Obst/Gemüse/Speisekartoffeln, [41] Betrieb der ausgezeichneten Qualitätsarbeit, [42] Energiewirtschaftlich vorbildlich arbeitender Betrieb, [43] Vorsitzender, [44] Verband der Kleingärtner, Siedler und Kleintierzüchter, [45] Sportfreund, [46] Volkssportgemeinschaft, [47] Praktische Arbeit, [48] Einführung in die sozialistische Produktion/Technisches Zeichnen, [49] Freundschaftsrat, [50] Junge Pioniere, [51] Oberschule

Die Straßenbahn verkehrte nicht. Wieder SEV[52], dachte Röm.[2], einen PKW[53] müßte man haben oder wenigstens einen NKW[54]. Mit KOM[55] erreichte er den DFV[4]. Beim DFV[4] allerdings wußte man von nichts. »Versuchen Sie es«, hieß es, »doch mal beim DFV[56]!« Auch beim DFV[56] Fehlanzeige! Auf dem Wege zum DFV[57] kaufte Röm.[2] in einer Lederwaren-VST[58] für Chris[37], dessen Geburtstag bevorstand, eine Frühstückstasche, ELN[59] 16 976 410, HSL[60] 2 764 101, TGL[61] 25 269, Blatt 4, zum EVP[62] von 10,65 M[63]. Leider lief Röm.[2] auch beim DFV[57] ins Leere. Wieder ein Schuß in den KRH[64]!

Der DFV[65] befand sich j. w. d.[66]. Das Kfz[67] des VEB[10] Taxi[68] mit Röm.[2] an Bord passierte die SVK[69], die KWV[70], die KGD[71], das BTZ[72], das BBK[73], das ORZ[74], das HKW[75], das Fleiko[76], das

[52] Schienenersatzverkehr, [53] Personenkraftwagen, [54] Nutzkraftwagen, [55] Kraftomnibus, [56] Deutscher Fecht-Verband der DDR, [57] Deutscher Federball-Verband der DDR, [58] Verkaufsstelle, [59] Erzeugnis- und Leistungsnomenklatur, [60] Handels-Schlüssel, [61] ursprünglich aus ‚Technische Normen, Gütevorschriften und Lieferbedingungen', Symbol für die DDR- und Fachbereichsstandards, [62] Einzel(handels)verkaufs- oder Endverbraucherpreis, [63] Mark der DDR, [64] Kohleraumheizer, vormals Ofen, [65] Deutscher Faustball-Verband der DDR, [66] janz weit draußen, [67] Kraftfahrzeug, [68] Mietauto, [69] Sozialversicherung, Kreisgeschäftsstelle, [70] Kommunale Wohnungsverwaltung, [71] Konzert- und Gastspieldirektion, [72] Bezirkstrainingszentrum, [73] Berufsberatungskabinett, [74] Organisations- und Rechenzentrum, [75] Heizkraftwerk

SWH[77], das AWH[78], die BHG[79], die KGA[80] »Schöne Heimat« und schließlich etliche GVE[81], darunter auch Exemplare des SMR[82], einer im gesamten SW[83] bekannten DDR[84]-Neuzüchtung.

Da auch beim DFV[65] kein Auftrag für ihn vorlag, suchte er enttäuscht eine SB[85]-HOG[86] auf und verzehrte bei gedämpfter U-Musik[87] eine Sülze-Remo[88] samt Kiwi[89]. Er bestellte einen Kiwi[89] nach dem anderen. Vor längerem hatte er einen Zettel mit dem Text »Morgen 9 Uhr KKH« richtig gedeutet. Er war ins KKH[90] gefahren und nicht ins KKH[91]. Aber heute?

Heute wartete die BGL[92] der DFV[93] vergeblich auf Röm.[2], der EDV[94]-Experten aus der MVR[95] das MOPS[96] sprachmittlerisch hatte erläutern sollen.

Als Röm.[2] verzweifelt beim SU[97]-Wodka Zuflucht suchen wollte, sagte der Ober: »Schluß,

---

[76] Fleischkombinat, [77] Studentenwohnheim, [78] Arbeiterwohnheim, [79] Bäuerliche Handelsgenossenschaft, [80] Kleingartenanlage, [81] Großvieheinheit, [82] Schwarzbuntes Milchrind, [83] Sozialistisches Währungsgebiet, [84] Deutsche Demokratische Republik, [85] Selbstbedienung, [86] HO(Handelsorganisations)-Gaststätte, [87] Unterhaltungsmusik, [88] Remoulade, [89] Kirsch-Whisky, [90] Kreiskulturhaus, [91] Kreiskrankenhaus, [92] Betriebsgewerkschaftsleitung, [93] Datenfernverarbeitung, [94] Elektronische Datenverarbeitung, [95] Mongolische Volksrepublik, [96] Maschinenorientiertes Programmiersystem, [97] Sowjetunion

mein Freund, für Leute wie dich nur noch AFG[98]! Das ist unsere BAST[99] im SBW[100]. Wir sind schließlich ein BJO[101] und keine KG[102] und erst recht keine Mitropa[103] – ist das klar?«

»LMA[104]!« nölte Röm.[2]. »Ich versteh kein einziges Wort.« Das war natürlich maßlos übertrieben; denn er verstand genau das, was jeder Nüchterne an seiner Stelle auch verstanden hätte: Bhf[105].

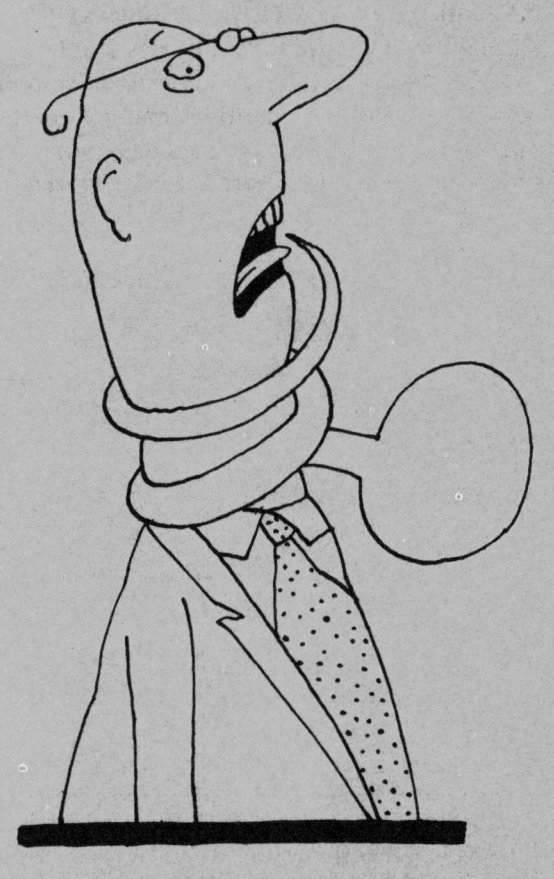

RINGEN UM WORTE/
FREISTIL

Die Auflistung des neudeutschen *Mindestwort-schatzes* erfolgt mit dem Ziel, dem Anwender intensive, mitunter vielleicht gar leicht schmerzhafte Denkanstöße zu versetzen, die geeignet sind, die weitere Modernisierung unserer Sprache in Wort und Schrift, Sage und Schreibe anzukurbeln, voranzutreiben und zu befördern.

Wer echte Perfektion erstrebt und sich nicht mit einem lediglich stochastischen[1] Anfall neudeutschen Wortguts begnügt, gebrauche die angeführten Wörter nicht nur sporadisch-punktuell, sondern massiert-kontinuierlich.

Wer sich des Neudeutschen unentschlossen, halbherzig bedient, sitzt, wie gar nicht oft genug betont werden kann, schneller als gedacht zwischen den Stilen. Überhaupt geht es um eine *baldmöglichste*, breitestmögliche Anwendung dieser zeitgemäßen, heutigen, gegenwartsnahen Wörter, droht doch permanent die Gefahr, daß

---

[1] Großes Fremdwörterbuch, VEB Bibliographisches Institut Leipzig, 5., durchgesehene Auflage, 1984, S. 726

sie aus der Mode kommen und in der Sero[1]-Erfassungsstelle der Sprachgeschichte landen.

Je umfangreicher das neudeutsche Vokabular, desto allseitiger die Möglichkeiten, Gleiches mit immer wieder anderen Wörtern zu wiederholen. Je länger die Rede, desto schöner, wie der Volksmund sehr richtig hervorhebt, das Ende.

Blattdeutsch

Papier ist geduldig[2], und das Blattdeutsche steht aus diesem und anderen Gründen oftmals in schreiendem Gegensatz zu Mund-zu-Mund-Gesprächen. Auf diesem Gebiet oder, exakter gesagt, Territorium gibt es für uns keinen Anlaß zur Selbstzufriedenheit.

Ein einziger scheuer Rückblick verdeutlicht uns bereits schon die Maßstäbe. Immerhin konnte im Jahre 1810 ein deutsches Stadtgericht an das andere schreiben[3]: »Ew. Wohlgeboren werden in subsidium juris et sub oblatione ad reciproca ergebenst ersucht, die anliegende Edictalcitation in Sachen des Kaufmanns R. daselbst loco consueto affigiren zu lassen und selbige ef-

---

[1] Sekundärrohstoffe, Altstoffe
[2] Cicero: »Epistula non erubescit.«
[3] Zitiert nach G. Wustmann, »Allerhand Sprachdummheiten«, Leipzig 1903

fluxo termino cum documentis aff- et refixionis gegen die Gebühr zu remittieren.«[1]

Ein beispielgebendes Beispiel, in welchem ein hochqualifizierter Büromane des jungen 19. Jahrhunderts sprachliche Mittel seiner Zeit seinerzeit eindrucksvoll anwandte. Uns stehen, um einen entsprechend hochkarätigen Unverständlichkeitsgrad zu erzielen, effektive sprachliche Mittel und Methoden unserer Gegenwart zu Gebote, und zwar in erster Linie die im folgenden dargestellten:

SUBSTANTIVISMUSS

Man nehme auf in etwa 2 Dutzend Substantive maximal 1 (in einem Wort: ein) Verb, gebe unter ständigem Gerührtsein nach Lust und Laune einige Adjektive hinzu, verfeinere mittels Präposition »in« und serviere das solchermaßen kreativ Angerichtete auf nüchternen Magen:

»Kollege Schnüffnibbel, Abteilungsleiter der Abteilung Fertigungsvorbereitung-Teilevorferti-

---

[1] Etwa: »Ew. Hochwohlgeboren werden in Unterstützung des Rechts und unter Zusicherung entsprechender Gegenleistungen ergebenst ersucht, die anliegende öffentliche Vorladung in Sachen des Kaufmanns R. daselbst an gewohntem Orte aushändigen zu lassen und selbige nach Ablauf der Frist mit Bestätigungen über ihre Aushängung und Abnahme gegen die Gebühr an uns zurückzusenden.«

gung und verantwortlich für die fertigungstech-
nologische Vorbereitung der Teilefertigung,
brachte[1] in[2] Auswertung und Durchführung der
Beschlüsse und Maßnahmen der stattgefundenen VVV (↗ S. 77) im Rahmen seines Arbeits-
kollektivs die Verabschiedung der Gewährung
der Möglichkeit der Inanspruchnahme einer
Überziehung der Arbeitspausen unter Verabzu-
gung der entsprechenden anteiligen Lohnsumme
zur Diskussion.«

Wer einschätzt, auf Verben noch nicht voll
verzichten zu können, sollte in erster Linie die
folgenden heranziehen:

erfolgen

Nicht: Die Hausfrau hatte eine Nudelsuppe
             gekocht.
Sondern: Hausfraulicherseits erfolgte die Bereit-
             stellung einer warmen Mahlzeit in
             Form eines Eierteigwarengerichts mit
             hohem Flüssigkeitsanteil.

bringen/gelangen/kommen

Nicht: Wir stellten viele Transparente auf.
Sondern: Durch uns gelangte/kam eine Vielzahl
             von Sichtelementen zur Aufstellung
             bzw. wurde zu dieser gebracht.

---

[1] Achtung: Verb!
[2] Achtung: in!

Es lebe das Substantiv!
Nieder mit dem Verb!!
Vorwärts zu allem Möglichen unter besonderer
Berücksichtigung des Substantivismusses!!!

PHRASEOLOGISMUSS[1]

Was müssen wir nehmen? Rücksprache.
Was müssen wir geben? Grünes Licht.
Was müssen wir ausräumen? Den Verdacht.
Was müssen wir einleiten? Maßnahmen.
Was müssen wir setzen? Maßstäbe.
Was müssen wir leisten? Folge.
Was müssen wir beziehen? Stellung.
Was müssen wir gewähren? Unterstützung.
Was müssen wir legen? Rechenschaft.
Was müssen wir ergreifen? Die Initiative.
Was müssen wir treffen? Festlegungen.
Was müssen wir ausschöpfen? Unsere
  Möglichkeiten.

Und was, werte Damen- und Herrenphraseure,
haben wir dann zu verzeichnen?
  Erfolge, genau!
Ich würde sagen, wir brauchen keine neuen
Klischees, gehe ich doch davon aus, daß wir von

---

[1] Phraseologismus (griechisch/lateinisch): feste Wortverbin-
   dung, Redewendung. Phraseologismen: Sprüche, die das
   Leben klopft

den alten noch genug haben, sowohl vor Ort als auch rund um die Uhr.

Ich schätze ein, daß wir den Stein der Waisen voll im Griff haben! Das wollte ich bloß noch in die Rabatte werfen.

GEDÄMPFTER ABSTRAKTIONISMUSS[1]

Wenn es gilt, Klarheit und Bedeutsamkeit zu erzielen, ist sprachliches Klein-Klein wenig effektiv. So konkret einzelne Konkretheiten sein mögen – Stall etwa, Kachelofen oder Dorfkrug –, Abstraktion und Verallgemeinerung sind aufgrund ihres höheren Abstraktions- und breiteren Verallgemeinerungsgrades ungleich konkreter: Viehkomplex, keramische Einzelfeuerstätte, ländliches Bierversorgungszentrum. Dies mit zu beachten ist wichtig für Großsprecher, Großschreiber und Feder-Halter, die von Berufs wegen Presseartikel[2] und ähnliche Drucksachen ausdrücken.

---

[1] auch bekannt als Protzkismuß
[2] Hier irrte Wilhelm Busch:
    Das Denken ist nicht schwer, indes
    das Schreiben geht auch ohne es.

Beispiel: Ein Autor hat einen massenwirksamen
Report über eine Chorprobe zu reali-
sieren.
Er könnte schreiben:

Die Sänger von Finsterwalde

»In der kleinsten Kneipe find' ich's immer noch
gemütlicher als auf der größten Baustelle«, sagt
der Maurer, der als letzter den Nebenraum des
Restaurants betritt. Der Männerchor »E. Caruso«, Leitung Horst Goldschmidt, probt hier
Scherzlieder für einen Auftritt im Park von Sanssouci. Bald schon klingt es fröhlich: »Auf einem
Baume, da hängt 'ne Pflaume ...«

So könnte er schreiben, doch würde ihn jemand verstehen? Eine brisante Frage! Lassen wir
sie dahingestellt. Günstiger wäre jedenfalls, er
schriebe:

Die Vokalisten von Finsterwalde

»Im kleinsten gastronomischen Imbißkomplex
find' ich's echt gemütlicher als auf dem umfang-
reichsten Bauobjekt«, erklärt der Bauschaffende,
der als letzter den Erlebnisbereich des Objekts
betritt, den der Objektleiter dankenswerterweise
für Aktivitäten des musikalischen Volkskunst-
schaffens bereitstellt. Der Vokalklangkörper
»E. Caruso« Finsterwalde, Bezirk Cottbus, dem
sowohl Elternteile als auch Lehrkörper, Ver-
kehrsteilnehmer, Rentenempfänger, Geistes-

schaffende und nicht zuletzt Mitarbeiter von Massenkommunikationsmitteln angehören, studiert unter der Stabführung seines Leiters Horst Edelmetallfacharbeiter heiteres Liedgut für eine Singe ein, die demnächst im Naherholungsobjekt von Sanssouci über die Bühne gehen wird. »Auf einem Baume«, so erklingt es bald schon machtvoll über die Verstärker der 2 × 100-Watt-Beschallungsanlage, »da hängt ein violettes Steinobstexemplar aus dem Versorgungsbereich der Zentralen Wirtschaftsvereinigung Obst/Gemüse/Speisekartoffeln ...«

IM MITTELPUNKT
STEHT DAS CENTRUM

Warum etwas einfach sagen, was sich doppelt und dreifach sagen läßt! Das qualitativ hochwertige Stilmittel der Doppelmopplung ermöglicht dem Resoluzzer gesteigerte Eindringlichkeit, rasante Aufrüttelungseffekte, ja turbulentestes Wortgestöber.

Als Servicedienstleistung eine Minimalauflistung unentbehrlicher Doppelmopplungen:

Aktive Unterstützung
Angebotsofferte
Aufnotieren
Aufoktroyieren
Auseinander-
dividieren
Ausstellungsexponat

Beherrschende Domi-
nante
Bereits schon
Berufskollege
Briefkuvert

Defensive Abwehr
Dekorativer Schmuck
Diametral entgegen-
gesetzt
Dienstvorgesetzter

Eigenhändige Unter-
schrift
Eigeninitiative
Eingangsfoyer
Einzelbeispiel
Einzeldetail
Einzelindividuum
Einzelpersönlichkeit
Empirische Erfahrung
Endfinale

Enthaltsamer
Abstinenzler
Erneut wieder

Fachexperte
Fachspezialist
Fachterminus
Feierliches
Zeremoniell
Fieberhafte Hektik
Frei erfunden
Fußpedal

Gemeinsames
Beisammensein
Gemeinsame
Zusammenarbeit
Gemeinschaftliches
Zusammenwirken
Gesetzesdekret
Gesichtsmimik
Gesunde Hygiene
Glasvitrine
Grundprinzip
Grundsatzprinzip

Hauptverkehrs-
magistrale
Herabmindern
Hinauszögern

Hinzuaddieren

Ich persönlich
Imbißgericht
Inneneinrichtung

Jetzt gegenwärtig
Jetzt nun

Konsumverbrauch
Kooperative Zusammenarbeit
Kostenvoranschlag
Kundendienstservice

Lebensbiographie
Loslösen

Manuelle Handarbeit
Meistbietend versteigern
Mithilfe
Mitkonkurrent

Neu renoviert
Nun jetzt
Nutzlos vergeuden

Peripheres Randproblem

Persönliches Gespräch
Positive Zustimmung
Potentielle Möglichkeiten
Progressiver Fortschritt
Prozeßablauf

Qualitativ hochwertig

Reale Wirklichkeit
Rohe Brachialgewalt
Rückerinnerung
Rückerstattung
Rückvergütung
Rustikale Bauernmöbel

Schlußfazit
Schon bereits
Schöpferische Kreativität
Servicedienstleistung
Skandalaffäre
Sonderprivileg

Testversuch
Traditionelle Überlieferung

Verkaufsbasar
Vogelvoliere
Vollfüllen
Vorahnung
Vorbedingung
Vorübergehender
  Passant

Weiter fortfahren
Weltallkosmonaut

Werbeslogan
Wirtschaftliche
  Ökonomie

Zeitepoche
Zeitperiode
Zeitverzögerung
Zukunftsperspektive
Zusammen-
  kombinieren

Spart Papier, Kollegen!

Noch immer ist – leider! – ein so einfalls- und schmuckloser Papiersparappell an diesem oder jenem Schwarzen Brett vorstellbar. Geeignete Doppelmopplungen könnten ihm größeren Nachdruck, vielleicht gar unwiderstehliche Schubkraft verleihen:

Liebe Kolleginnen und Kollegen!

Der nicht nur sparsame, sondern auch rationelle Umgang mit Papier und Papierwaren ist bereits schon seit langem traditionelle Überlieferung und beherrschende Dominante unserer kooperativen Zusammenarbeit. Trotzdem und dennoch sind wir durch Testversuche und empirische Erfahrungen erneut wieder mit dem Endresultat konfrontiert, daß es bei den Prozeßabläufen der vergangenen Zeitperiode zu nutzloser Vergeudung in Größenordnungen kam. Nicht nur Fachexperten, sondern auch Dienstvorgesetzte und andere Einzelpersönlichkeiten nehmen sich Sonderprivilegien heraus, die dem Grundsatzprinzip der nicht nur wirksamsten, sondern auch effektivsten Sparsamkeit diametral zuwiderlaufen. Es gilt nun jetzt, durch Eigeninitiative und gemeinsame Kooperation alle potentiellen Möglichkeiten auszuschöpfen und die Herabminderung des Konsumverbrauches nicht länger hinauszuzögern. Möge dieses gemeinschaftliche Zusammenwirken positive Zustimmung und aktive Unterstützung finden, damit – dies als Schlußfazit – unsere gestellte Zielsetzung nicht utopische Zukunftsperspektive bleibe, sondern reale Wirklichkeit werde!

AKTIV DURCHS PASSIV

Verachtet mir das Passiv nicht! Früher oder später kommt die Stunde, in der man es dringend braucht. Spielen wir einen Fall aus der Praxis unverbindlich durch. Die Berichterstattung ist fällig, und der jüngste Bericht sieht auf den ersten Blick gar nicht gut aus:

Wir haben *unsere* Aufgaben nicht erfüllt.

Dies ist kein schöner Satz, und es hilft wenig, unser aufrichtiges Bedauern in diese negative Information mit einzubinden, etwa so:

Wir haben unsere Aufgaben *leider* nicht erfüllt.

Auch die Beteuerung diverser Aktivitäten bringt uns nicht weiter:

Trotz gewaltiger Anstrengungen, intensiven Klassikerstudiums sowie vielfältiger zusätzlicher Initiativen in der 3. Initiativdekade haben wir unsere Aufgaben leider nicht erfüllt.

Wir befinden uns formulierungsmäßig in der Sackgasse. Wir haben die Aufgabenuntererfüllung nur verschieden interpretiert, es gilt aber, sie zum Positiven zu wenden. Exakt zu diesem Zweck bringen wir das rettende Passiv in Anwendung:

Unsere Aufgaben *wurden* von uns nicht erfüllt.

Schon besser, wenngleich Kompetenz und Verantwortung noch allzu aufdringlich betont, wenn nicht gar überbetont erscheinen. Deshalb zweckmäßiger:

Die Aufgaben wurden nicht erfüllt.

Niemand war's, und keiner hat's gesehn. Nun noch kurz, aber deutlich die objektiven Ursachen für die ausgefallenen Leistungen hervorheben:

Die Aufgaben *konnten* nicht erfüllt werden.

An dieser Stelle erkennt der Logiker die einmalige Chance zu einem weiteren Qualitätssprung. Aufgaben, die nicht erfüllt werden konnten, konnten nach den Gesetzen der normalen Logik erst recht nicht übererfüllt werden. Hier halten wir fest:

Die Aufgaben konnten nicht *übererfüllt* werden.

Schön, wird der Wohlmeinende wohl meinen, übererfüllt werden konnten sie nicht, aber erfüllte[1] Aufgaben sind ja auch nicht von Pappe. Skeptiker indes könnten möglicherweise die extremen Bedingungen diskutieren, die zur Nichtübererfüllung geführt haben. Gönnen wir ihnen keine Denkpause! Richten wir den Blick hurtig nach vorn! In die grammatische Zukunft! Beteuern wir unsere ernsten Absichten, natürlich, indem wir rauschhaft das Aktiv anwenden:

Wir werden unsere Aufgaben erfüllen und übererfüllen.

Merke: Ein aktives Passiv ist immer noch besser als ein passives Aktiv.

DIE GESCHMINKTE WAHRHEIT

Die Wirklichkeit läßt mitunter stark zu wünschen übrig, und unsere Klugheit lehrt uns, bei Rapporten oder in Berichten heikle Sachverhalte

---

[1] Übrigens lassen sich Aufgaben nicht nur *erfüllen*, sondern in Ausnahmefällen auch *lösen*.

elegant zu umschreiben oder umzuschreiben; Klugheit ist seit eh und je das Verhalten sogenannter Mitarbeiter, das von Vorgesetzten als nett, angenehm und kooperativ empfunden wird. Die ungeschminkte Wahrheit wäre öffentliches Ärgernis, eine Unverbrämtheit geradezu.

Ein Heiratsschwindler könnte seinen Mißerfolg nicht geschickter programmieren als durch eine Annonce mit folgendem Wortlaut: Skrupelloser, habgieriger Heiratsschwindler sucht steinreiche, leichtgläubige Witwe ...

Deshalb nennen wir Dicke besser vollschlank und den Kammerjäger Raumentweser. Der Lagerarbeiter ist avanciert zum Mitarbeiter für warenbewegende Prozesse, die Klofrau zur Mitarbeiterin für die Betreuung der Sanitäranlagen, der Leuchtturmwärter zum Seezeichenmechaniker.

Karrieren!

Die Imbißbude ist längst zum Grill-Center geworden, die Wurstfabrik zum Fleischwarenwerk. Das Geschenk ist doppelt wertvoll, sobald wir es als Präsent überreichen. Und in gewöhnlich gut uniformierten Kreisen wird sogar das ungemütlichste gemütliche Beisammensein noch als Kulturmaßnahme abgerechnet.

Kein Kind besucht mehr ein schlichtes, popliges Institut wie die Schule. Die Schule ist erhöht worden zur Oberschule, die Oberschule erweitert zur Erweiterten Oberschule. Nicht für die Schule lernen wir, sondern für die POS bzw. EOS.

Wir vermeiden Streit zugunsten von Meinungsverschiedenheiten. Nichts kann uns hindern, Ladenhüter als Überplanbestände, Schulden als Verbindlichkeiten, Lügen als Schutzbehauptungen, Mangel als Engpaß, Betrug und Unterschlagung als Unregelmäßigkeiten, Verlust als Kostenunterdeckung, unausgeführte Reparaturen als verzögerte Störungsbeseitigungen zu bezeichnen und die kleinlaute Reduzierung des vermeintlich wohlerwogenenen Plans als Planpräzisierung.

Liebe Kaschiererinnen und Kaschierer! Es geht um die Steigerung unserer Leistungen durch sprachliche Maßnahmen.[1]

Natürlich könnten wir sagen: »Wir haben nichts gekonnt.« Wir könnten allerdings auch sagen: »Bei der weiteren planmäßigen Entwicklung und Vervollkommnung unserer Volkswirtschaft unter Beachtung der Dialektik und Spezifik gesamtgesellschaftlicher planmäßig-proportionaler Leitung und Planung sowie persönlicher Verantwortung der staatlichen Leiter bei gleichzeitiger Wahrung der Rechte und Pflichten der Werktätigen in Übereinstimmung mit den Normen der sozialistischen Gesetzlichkeit gilt es, den aktuel-

---

[1] Dozent A: »Ich schreibe meine Dissertation B über den Euphemismus.«

Dozent B: »Brisantes Thema. Wie gedenken Sie, dies zu verhüllen?«

len Problemen der dynamischen Effektivierung mittels Rationalisierung und Automatisierung unter Ausschöpfung aller territorialen und überbezirklichen Reserven noch größeres Augenmerk schenkend, zielzentriert weiter voranzukommen.«

Auch das, wie gesagt, könnten wir sagen. Und wir sollten es tun; denn man soll die Dinge beim Namen nennen.

Nicht: Ich bin zu faul. Sondern: Ich bin nicht motiviert. Nicht: teure Konsumgüter. Sondern: hochwertige Konsumgüter. Wer Fehler vermeiden will, kann Fehler Überspitzungen nennen. Beispielsweise. Bei Inventurdifferenzen könnte – theoretisch – viel zuviel Geld in der Kasse sein, was aber in der Praxis kaum vorkommt.

Unklarheiten ... So was kann auch bedeuten: Du liegst mit deiner Auffassung, zwei plus zwei ergebe vier, völlig schief. Die Plansicherungskonzeption des VEB Dachreparaturen kann sich glänzend bewähren, wenn die Erfüllung des Plans dadurch gesichert wird, daß die Dachreparatur, die ursprünglich mal vorgesehen war, in hohem Bogen rausfliegt aus der Plansicherungskonzeption. Und das Wort Bedarfslücke versucht uns einzuflüstern, es bezeichne eine Lücke im Bedarf, nicht aber eine in der Versorgung. Schulungsobjekte entpuppen sich bei genauerem Hinsehen als Ferienheime erster Klasse. Und warum sollten wir Sauferei nennen, was ebensogut Arbeitsessen heißen kann.

Manchmal klappt's. Lügen, soviel ist richtig, haben kurze Beine, unzutreffende Informationen dagegen verfügen über Extremitäten von minimalem Aktionsradius! Die ausgefallene Leistung wird zur Heldentat hochgestylt, Talmi zur Kostbarkeit, des Kaisers neue Kleider zur real existierenden Realität: Verschönerung unserer Welt durch sprachliche Maßnahmen.

STROPHE MUSS SEIN

Ganz im Gegensatz zu skeptizistischen Auffassungen der Bedenkenträger, vor allem jener von Identitätskrisen geschüttelten Dichter mit den Dichtungsringen unter den Augen, ist das neudeutsche Wortgut aufgrund seines extrem optimalen Wohllauts flächendeckend geeignet für künstlerische Verdichtungsmaßnahmen, nicht zuletzt in der gewerblichen Lohnvertextung für Medienpoesie und Lyrikbände, für Oden und Epoden bis hin zu Hymnen, wie das folgende Beispiel beweist:

Die Silvesterpunschverprostung
ist niveauvoll stimuliert.
Bürgerfleißaktivitäten
zielgerichtet motiviert!
Exponate eingetaktet.
Spitzenzeiten optimal.

Bauvorhaben abgesichert.
Bauernschänke rustikal.
Breite E-Musik-Palette
im Konzertsaal relevant.
Prominente Interpreten
weltweit stürmisch anerkannt.
Filmemacher machen Filme
hochkarätig unverzagt.
Stellenwerte, Denkanstöße
abgehakt und hinterfragt.
Zehn gestandene Athleten
sprinteten im Sportobjekt.
Frauenfußballauswahlmannschaft
wurde hautnah manngedeckt.
Die Komplexannahmestelle
neu betischt und neu bestuhlt.
Beispiellösung durchgezogen.
Schüler einwandfrei verschult.
Fragen werden aufgeworfen,
angedacht, konkretisiert,
angerissen, aufgelistet,
durchgestellt und ventiliert.
Parameter, Bestmethoden
immer wieder wiederholt,
Leser, Hörer, Rohbraunkohle
bürgernah-rasant verkohlt.
Hergehört und hergeschaut:
Muttersprache, Mutterlaut ...

Fremdwörter, die uns nahestehen

Na schön. Zugegeben!

Allzu viele Fremd*sprachen* sprechen wir, im Weltmaßstab gesehen, nicht. Doch wir kompensieren dieses Defizit durch den maximalen Gebrauch von Fremd*wörtern*, ohne die der hoffnungsvolle neudeutsche Wortschatz zum Schiffbruch verurteilt wäre.

Was ist der Blumenbinder gegen den Floristen, der Optiker gegen den Optometristen, der Zahnarzt gegen den Stomatologen[1], der Leiter der Sprachheilschule gegen den Direktor des Logopädischen Zentrums! Ein Vitaminbasar ist mehr als ein Gemüsestand, sogar dann, wenn der Gemüsestand den Vitaminbasar durch ein opulentes Angebot zu beschämen scheint. Und wie bescheiden nehmen sich Veilchen linksrechts aus gegen bilaterale paraorbitale periphere Haematome!

Soviel jedenfalls kann als abhakbar festgelegt werden: Die Vitalität einer neudeutschen Vokabel manifestiert sich nicht darin, daß sie heterogene Elemente eliminiert, sondern darin, daß sie

---

[1] Kennen Sie diesen? Ein schmerzgepeinigter Patient steht unmittelbar vor dem stomatologischen Ambulatorium und fragt den FZA (↗ S. 70), der aus dem Fenster guckt: »Wo ist denn hier in der Gegend der nächste Zahnarzt?«

dieselben resorbiert, assimiliert, koriandolifiziert[1] und integriert.

Ich kenne einen Küchenmeister, der sich nicht allein durch die Neugestaltung von Küchenablaufprozessen und durch die Ermöglichung einer kontinuierlich reibungslosen Abwicklung der Speiseneinnahme durch die Essenteilnehmer einen Namen gemacht hat, sondern auch dadurch, daß er aufgrund exzellenter Sprachbegabung in der Lage ist, haargenau derselben, immer und immer wieder aufgewärmten Suppe drei Wochen lang Tag für Tag einen immer wieder anderen klangvollen exotischen Namen zu geben.[2]

Der Stellenwert des Fremdworts kann gar nicht hoch genug überschätzt werden. Konsequent-intensive Anwender werden vielleicht/ wahrscheinlich/höchstwahrscheinlich[3] weder verstanden noch begriffen, jedoch allgemein bewun

---

[1] Dieses Wort gibt es nicht, hat es nie gegeben und wird es nie geben. Merke: Nicht jedes Wort muß etwas bedeuten! Die Hauptsache ist der Effekt.

[2] Er dichtet bisweilen und ist Autor dieses Gastro-Epigramms:
Küchenlatein
Ein Bauernfrühstück schmeckt zwar zünftig,
sein Name aber tut den Ohren weh;
der Mann von Welt bestellt sich daher künftig
ein Agronomendéjeuner.

[3] Zutreffendes bitte streichen.

dert und im Idealfall mit Preisen gekrönt werden. Vorgestern: Die dümmsten Bauern haben die größten Kartoffeln. Gestern: Die klügsten Bauern haben die größten Kartoffeln. Heute: Der Intelligenzquotient kooperativ zusammenwirkender Agrotechniker, die um die Beherrschung des arbeitsteiligen, einheitlichen Reproduktionsprozesses der Pflanzen- und Tierproduktion ringen, ist direkt proportional den dreidimensionalen Parametern ihrer kartoffelstärkehaltigen Hackfrüchte.

GRIECHISCH-RÖMISCH

Fremdwörter richtig aussprechen ist schwer.

Fremdwörter richtig gebrauchen ist noch schwerer. Am schwersten aber ist es, Fremdwörter zu schaffen, die so eindrucksvoll reüssieren, daß sogar Fachspezialisten sie auf Symposien oft und gern im Munde führen.

Und wenn es noch schwerer wäre, als es schon ist – es muß sein! Leider, nicht wahr, verdient es noch nicht jedes wissenschaftlich beschriebene Blatt, als gedankenstrotzender Denk-Zettel gefeiert zu werden. Indes lassen sich derartig schlichte Gemein-Plätzchen mit Hilfe griechisch-römischer Exotismen mühelos zu respektheischenden Orakeln der Spreizstufe 10 hochsterilisieren. Gedankenarmut schändet erst dann, wenn einem die Worte fehlen.

Geistesschaffende aller Art, die es vorziehen, sich gemeinverständlich auszudrücken, haben erfahrungsgemäß nur bescheidene Aussichten, echt als echte Wissenschaftler anerkannt zu werden.[1] Phil. hilft phil.!

Dabei ist der verkehrte dem richtigen Sprachgebrauch entschieden vorzuziehen.

Merke: Je verkehrter, je gelehrter.

Adaption	Annahme an Kindes Statt
Adoption	Anpassung
alterieren	abwechseln
alternieren	sich aufregen
Amnesie	Straferlaß
Amnestie	Gedächtnisschwund
Champignon	erfolgreichster Sportler
Champion	Speisepilz
debitieren	erstmals auftreten
debütieren	ein Konto belasten
dedizieren	große Verluste beibringen
dezidieren	widmen, schenken
dezimieren	entscheiden

---

[1] Übrigens besteht in ausnahmslos allen Schichten der Bevölkerung ein ständig wachsendes Bedürfnis nach niveauvoller Terminologie.
Patient: »Herr Doktor, was fehlt mir?«
Arzt: »Sie sind ein Fresser, ein Säufer und ein ganz fauler Sack.«
Patient: »Danke, Herr Doktor, und nun bitte noch mal lateinisch für meine Frau.«

emittieren	nachahmen
imitieren	herausgeben, aussenden
Empire	wissenschaftliche Erfahrung
Empirie	Kaiserreich
exerzieren	böse Geister austreiben
exorzieren	ausbilden
fungieren	vortäuschen
fingieren	ein Amt versehen
Heroin	Rauschgift
Heroine	Heldendarstellerin
ignorieren[1]	Ränke schmieden
integrieren	übersehen, übergehen
intrigieren	einschließen, ergänzen
Katheder	medizinisches Gerät
Katheter	Lehrerpult
Konifere	Berühmtheit
Koryphäe	Nadelgehölz
kontrollieren	Beileid bezeigen
kondolieren	nachprüfen
Melasse	Heil- und Gewürzpflanze
Melisse	Nebenprodukt bei der Zuckergewinnung
Metrologie	Maß- und Gewichtskunde
Meteorologie	Wetterkunde

---

[1] »Ihre Frau klagt auf Scheidung«, sagte der Richter, »weil Sie sie seit einem Jahr völlig ignoriert haben.«
»Ignoriert? Ich? – Da könn' Se mal sehn, Herr Richter, wie die Frau lügt. Ich hab mich seit zwei Jahr'n überhaupt nicht mehr um se jekümmert.«

Postille	Pille
Pastille	Erbauungsbuch
patent	leistungsfähig
potent	geschickt
Peripetie	Stadtrand
Peripherie	entscheidende Wendung im Drama
räsonnieren	mitschwingen
resonieren	schimpfen
Sepsis	Zweifel
Skepsis	Blutvergiftung
Status	tiefe Schichtwolke
Stratus	Zustand, Rechtslage
sterilisieren	stilgemäß formen
stilisieren	entkeimen
Tunika	altrömisches Untergewand
Tonika	Grundton einer Tonart
Trance	Stück, Abschnitt
Tranche	hypnotischer Schlaf
Zäsur	Beurteilung, Überprüfung
Zensur	Einschnitt

Soweit eine kleine Auswahl. Mehr wäre nicht möglich im Rahmen dieser Veröffentlichung, bei der es sich schließlich nicht um einen Thesaurus[1] handelt, sondern um ein Vademecum[2].

---

[1] (griechisch/lateinisch) Wissensschatz, Sammlung, die in einem bestimmten Rahmen Vollständigkeit anstrebt

[2] (lateinisch: Geh mit mir!) Taschenbüchlein, Ratgeber

Deutlich wird immerhin soviel: Der originelle Gedanke mag ein Glücksfall sein – eindrucksvolle Fremdwörter aber gibt es genug. Nutzen wir sie!

Andernfalls könnte sich allzu leicht herausstellen, daß in mancher kurzen, geistreichen Bemerkung auch nicht viel mehr steckt, als in so manchem dicken Wälzer.

Ein bißchen Latein kann wirklich nicht schaden. Wenn wir immer bloß deutsch reden und schreiben – was sollen die alten Römer von uns denken.

SPIEK DSCHÖRMÄN PLIEHS!

Wer mit seinem Latein am Ende ist, versuche es getrost mit dem Englischen[1]. Es gibt dem Neudeutschen einen so angenehm weltläufigen Tatsch.

Jedermann zieht, wie wir wissen, einem einfachen Saftladen den eleganten Juice-Shop vor, einem simplen Ausziehtisch den erregenden Striptease-Table. Animal-Shop is in, Zoologische Handlung is out. Der Hund von Welt sucht zum Zwecke des Hairstyling längst seinen

---

[1] Auch das Französische eignet sich, wenn man's nur gediegen ausspricht: »Das Gerücht verbreitete sich wie ein Lofför ...« (schreib: Lauffeuer)

Stamm-Beauty-Shop auf. Party-Light illuminiert unseren Fernsehabend; wir schmausen Party-Würstchen vom Party-Grill, knabbern Party-Sticks und Mint-Cream, »eine Spezialität aus edler Schokolade und Pfefferminzkrem«, wir nippen vom Tele-Drink, vom Tonic-Water, von der Bitter-Lemon und fragen uns in reinstem Oxford English[1]: Welches Gesetz kann uns eigentlich zwingen, das Wort Bier weiterhin mit »ie« zu schreiben?[2]

Warum deutsch, wenn's auch englisch geht! Warum noch länger Staublunge, wenn uns aus der Wortschatzkammer des britischen Pathologen eine weit klangvollere lexikalische Einheit zu Gebote steht:

pneumonoultramicroscopicsilicovolca noconiosis[3].

---

[1] Oxford-Englisch

[2] Is there a law of the land compelling us to spell the word »beer« with »ie« henceforward till the end of time?

[3] das eindrucksvollste und längste (78 Millimeter) Wort in Websters Third New International Dictionary. Springfield. Massachusetts. 1976

gesprochen	übersetzt	geschrieben
Afterchef	Rasierwasser	after shave
Beckzeit	Hinterteil	backside
Ei	ich	I
Faser	Vater	father
Geck	Witz	gag
Hai	hoch	high
Kleffer	schlau	clever
Leid	Licht	light
Maik[1]	Mikrofon	mike
Schuß	Saft	juice
Theek	Filmabschnitt	take
Viehling	Gefühl	feeling
Zet	Reihe, Satz	set

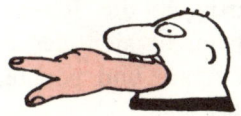

---

[1] Als Vorname bewährt-begehrt. Das Märchen »Rumpel-
stilzchen«, Mitte der 80er Jahre: ... und als bald hernach
das Männlein hereintrat und fragte: »Nun, Frau Königin,
wie heiß ich?«, fragte sie erst: »Heißest du Deef?« –
»Nein.« – »Heißest du Stief?« – »Nein.« – »Heißest Du
Endru?« – »Nein.« – »Nun, so heißest du mit an Sicherheit grenzender Wahrscheinlichkeit Luhtennent!«

VORSICHT,
BISSIGER MUND!

Die Welt der Jungen ist eine eigene junge Welt
mit einer eigenen recht eigenen Sprache. Sie
klingt wie Musik, wie junge Musik allerdings,
d.h. sowohl irre neudeutsch als gelegentlich auch
sauedel britisch-realistisch.

Wir sollten sie kennen,
erstens, um nicht alt auszusehen, und
zweitens, um den Gesprächen der jungen Gene-
ration besser folgen zu können.

Unabdingbar ist eine dynamische Auffassung
von diesem Problem, das mehr als so manches
andere Entwicklungsproblem ein Entwicklungsproblem ist. Schnell entwächst die Jugend den
Kinderschuhen, und wir müssen wohl oder übel
auf die Segnungen verzichten, die die staatliche
Subventionierung der Kinderbekleidung mit sich
bringt. Schnell fertig ist die Jugend mit dem
Wort[1], rasant entwickelt sich der Jugendstil[2].
Was gestern noch fetzte und poppte, ist heute
schon Müll.

Wenigstens drei lexikalische Komplexe sind zu
unterscheiden:

---

[1] F. Schiller, »Wallensteins Tod«
[2] Intimsprache Jugendlicher zur Ausschaltung unerwünsch-
ter erwachsener Zuhörer

aktuell

abkotzen	maulen
abraffen	begreifen, kapieren
affengeil[1]	sehr gut
belastend	höchst unangenehm
belegen, jmdn.	jmdn. aufregen
Bock	Lust
drauf sein, gut	in guter Verfassung sein
geil	gut
Nullbock	keine Lust
reinziehen, sich etw.	(geh.)rezipieren
sauedel	sehr schön
tierisch	sehr
Wahnsinn!	das Allergrößte

aktuälter, teilweise zeitlos

abfahren auf etw.	etw. mögen
ablachen	sehr lachen
abruhen	Inaktivität praktizieren
abschlaffen	ermatten
anmachen, jmdn.	1. jmdn. provozieren
	2. sich ein Mädchen gefügig machen, wenn Sie wissen, was ich meine
aufreißen, jmdn.	z.B. ein Mädchen, aufgabeln
ausflippen	extrem reagieren

---

[1] Abk. a. g.

echt	wahrhaftig, wirklich
edel	schön
eh!	Interjektion, die alles oder nichts oder beides zugleich bedeuten kann
einfetzen, fetzen	gefallen
fetzig	sehr gut
flockig	angenehm
Hirni	Idiot
hirnrissig	idiotisch
irre	hervorragend
Klasse, klasse	sehr gut
logo!	klar!
Müll	Quatsch
saustark	sehr gut
Schnulli	Quatsch
schocken, jmdn.	jmdn. verblüffen
stark	gut
stehen auf etw.	etw. mögen
Typ	eindrucksvolle Person, sympathisch oder unsympathisch
ungeheuer	sehr
verschärft	bemerkenswert
voll	völlig

am aktuältesten

absolut	sehr gut
abstinken	nicht ankommen
ätzend	höchst bemerkenswert

bombig	sehr gut
enorm	sehr
locker	unverkrampft
nerven, jmdn.	jmdn. belästigen
poppen	gefallen
riesig	sehr gut
schaffen, sich	sich anstrengen
schau	schön
super	sehr gut
total	völlig
urst	sehr
viehisch	sehr, sehr gut

Jugendstil, verschärft

Fremdsprachen sind Schnulli, Fans. Belastend.
Könnta voll vajesssen. Fahr ick nich druff ab.
Nullbock, logo! Icke, ja, ick steh uff meine Mut-
tasprache, det sarick euch janz cool. Die deutsche Sprache, eh, ob ickse nu live hör oda play-
back, vonne single oda LP oda ob ickse in
paperback lesen tu, also die deutsche Sprache,
wa, die is so flockig, so riesig, so ätzend all right.
Sauedel! Affengeil!! Die is so'n richtja oldie, aba
jrade weilse so'n tierisch geiler oldie is, is se echt
in. Die hat pep, die hat sex, die hat sound, die
hat so'n irren drive – Wahnsinn! Det swingt, det
poppt, det rockt, det macht ma high, det macht
ma happy. Einfach crazy.

Nee, laßt ma, fans, Deutsch is okay.

AUSFÜHRENDE AUSFÜHRUNGEN

> Ich hab ein Mund, dem geb
> ich zu essen, der muß reden,
> wie ich will.
>
> ALTDEUTSCH

Noch immer gibt es Leute, die sich äußern, als
hätten sie nie im Leben einen neudeutschen
Satz vernommen; sie tun ganz so, als wollten sie
im Stil von Anno Knips weiterreden und -schrei-
ben, bis kein Aas sie mehr versteht. Dennoch ist
Schwarzsehen[1] unsere Sache nicht.

Was Kleinmütige auch immer behaupten mögen, wir sind zügig vorangekommen, aber – zugegeben – wir haben noch nicht alles erreicht.
Das kann auch gar nicht anders sein; denn das
Beste von morgen ist heute noch nicht gut genug.

Dem Zauber der Wörter und Redewindungen,
die auf uns zukommen, ihrem Dudenzauber
wird sich niemand entziehen können. Der
sprichwörtliche Humor des Volksmunds hat uns
für den arg strapazierten Kurschatten den wissenschaftlich entschieden stärker fundierten Begriff Kurüberbrückungspartner geschenkt, für

---

[1] schwarz: nach der Definition von Prof. Dr. sc. mult. E. Kraft-
Mayr »die Dunkelstufe von unbunt«

das Zelt die Wickeldatsche, für das Rundfunkwunschkonzert die Erbschleichersendung, für die grüne Gurke die Gärtnersalami, und er wird, da können wir sicher sein, die Gewürzgurken (für geschmacklich danebengelungene Gewürzgurken) und den Saugstauber (für qualitätsgemilderte Staubsauger) nicht lange mehr für sich behalten.

Die Medien, die sich bekanntlich als Medien für alles verstehen, also auch für die Hervorbringung neudeutschen Wortguts, werden, die Printmedien insonderheit, außer phantasievollen Kreationen, die den Erntekapitän (für Mähdrescherpilot) oder die Körnerarmada (für Mähdrescherkomplex) in den Schatten stellen dürften, auch über den Haha-Effekt vermeintlicher (!) Druckfehler lexikalischen Einheiten wie Bücherschreck, Zuvielcourage, Tombola rasa uuu. zum Durchbruch verhelfen.

Und den Titel Kammersäger werden die Onomasiologen[1] der Berufsbildung gewiß freudig aufgreifen, um verdienstvolle Waldarbeiter zu ehren. Onomasiologischem Bekennermut verdanken wir immerhin den nachtdienstverrichtenden pädagogischen Mitarbeiter[2], der in Lehrlingswohnheimen[3] den Nachtwächter seligen Ange-

---

[1] Onomasiologie (griechisch): Bezeichnungslehre
[2] NPM
[3] LWH

denkens abgelöst hat. Bei dieser Lage der Dinge kommt die Forderung einer militanten Pförtnerinitiative nicht überraschend, welche für den aufgeweckten Vertreter ihres Berufsstandes die aktuelle Bezeichnung »Wissenschaftlicher Mitarbeiter für Einlaßkontrolle« verlangt.

Vorbereitet sein sollten wir auf das Erscheinen eines Facharbeiters für Transpiration (Schweißer) und – wenn die Anzahl der Boutiquen demnächst die Anzahl der SB-VSTn übersteigt – auf den Boutiker. Auch die Bezeichnung Reklamant für jemand, der eine Reklamation geltend macht, liegt in der Luft. Das Verb »untersetzen mit« ist nun schon so lange im Umlauf, daß dem Übersetzer unabwendbar ein Untersetzer[1] zur Seite treten wird. Der Beruf des Stimulanten steht ins Haus, was niemanden wundert, der um den hohen Stellenwert des Stimulierens weiß. Der Schachspieler, der es mit mehreren Gegnern zugleich aufnimmt, wird eines nicht fernen Tages Simultant heißen.

Verben wie discotieren[2], redundieren[3] und durchsitzen[4] sind unverzichtbarer als das Wort

---

[1] Unter*setzer*! Nicht *Unter*setzer!

[2] analog zu saunieren

[3] unumgänglich, da Verben wie sülzen oder bramarbasieren nicht die erforderliche Massenbasis aufweisen.

[4] B: Kollege N. N. betrachtet es als seine vornehmste Aufgabe, am Schreibtisch den wissenschaftlich-technischen Fortschritt durchzusitzen.

unverzichtbar. Die Beliebtheit von Verben wie hinterfragen und tradieren[1] zieht zwangsläufig die Hinterfrage und den Tradiergummi nach sich, und der bemerkenswerteste Neologismus[2] des zur Neige gehenden zweiten Jahrtausends wird wohl der Relefant[3] werden.

Von der Gedanken- zur Sprachlosigkeit ist es nicht viel mehr als nur ein bit[4]. Und es geht nicht allein um Wörter von optimalster Präzision und maximalstem Ideengehalt wie etwa Prolog für die erste Etappe eines Radrennens, VEB Getränkeproduktion für Brauerei, Löschmittelauswurfgerät für Feuerwehrschlauch oder System raumöffnender und -schließender Elemente für Türen und Fenster[5], es geht ebenso um ästheti-

---

[1] überliefern

[2] Neuwort

[3] und zwar allen Anfeindungen von seiten mißgünstiger Sprachflegel zum Trotz, die meinen, mit billigen Epigrammen das Rad der Geschichte zurückdrehen zu können, zum Beispiel mit diesem:
Ein großes Wort geht um im Land,
so groß, so wichtig, nein – so relevant!
Jedoch besiehst du's mit Verstand,
ist es die Mücke, nicht der Relefant.

[4] englische Abk. für basic indissoluble information unit – Maßeinheit für den Informationsgehalt

[5] Verdienste ums Neudeutsche erwarb sich kürzlich der VEB Kleinholzwaren Benshausen, indem er zum Preis von M 1,15 drei hölzerne Kochlöffel unter der treffenden Bezeichnung »3 Rührgeräte« anbot.

sche Werte wie Wohlklang und sprachliche Schönheit. Was ist, so gesehen, die Müllabfuhr gegen den VEB Sekundärrohstofferfassung, Bereich Abfallwesen!

In dieser Richtung gilt es, sich zu engagieren und weitere Vorschläge zu unterbreiten. Vorschläge sind besser als Rückschläge.

bisher	künftig
Knopf	Bekleidungsverschlußelement
Hosenträger	Elastische Befestigungsgurte für Herrenoberbekleidung (EBG für HOB)
Sicherheitsgurt	Kfz-Personensicherheitsrückhaltemechanismus
Kneifzange	Doppelhandhebelverbundklemme
Aufzug, Fahrstuhl	Personenvertikalbeförderungscontainer
Lumpenball	Alttextiliendisco
Appetitszügler	Nahrungsbedarfsminimierer
Bier	Gerste/Hopfen-Kaltgetränk
Doppelkorn	Potenzierter Getreidebrand
Wanderniere	Ambulantes Harnausscheidungsorgan undundund!

Dies ist das lexikalische Material der Zukunft.

Stichwörter, die stechen.

Schlagwörter, die uns umhauen.

Die Sprache des heraufdämmernden neuen Jahrtausends. Nennen wir die Dinge endlich beim rechten Namen. Wir haben keine Zeit zu verlieren; übermorgen ist das Morgen, wenn Sie so wollen, schon gestern, vom Heute ganz zu schweigen.

Hauptschwerpunkte

EINFÜHRENDE AUSFÜHRUNGEN 5

AUFLISTUNG 11

IN DER K. LIEGT DIE W. 65
AA-ZZZ 68
Gestern FKK, heute DFV 80

RINGEN UM WORTE / FREISTIL 87
Blattdeutsch 88
Substantivismuß[1] 89
Phraseologismuß 91
Gedämpfter Abstraktionismuß 92
Im Mittelpunkt steht das Centrum 94
Aktiv durchs Passiv 98
Die geschminkte Wahrheit 100
Strophe muß sein 104

Fremdwörter, die uns nahestehen 106
Griechisch-Römisch 108
Spiek dschörmän pliehs! 113
Vorsicht, bissiger Mund! 116

AUSFÜHRENDE AUSFÜHRUNGEN 121

---

[1] Muß, daß: Notwendigkeit; in diesem Fall ein aus dem Neudeutschen erwachsener Zwang zur Verwendung von Substantiven in Größenordnungen.

Illustrationen
von Manfred Bofinger

ISBN 3-359-00435-3

3. erweiterte Auflage
© Eulenspiegel Verlag, Berlin · 1989 (1987)
Lizenz-Nr.: 540/120/89 · LSV 7005
Einbandentwurf und Vorsatz: Manfred Bofinger
Buchgestaltung: Elke Warnstädt
Printed in the German Democratic Republic
Lichtsatz: INTERDRUCK Graphischer Großbetrieb
Leipzig – III/18/97
Druck und buchbinderische Verarbeitung:
LVZ-Druckerei Hermann Duncker,
Leipzig – III/18/138
621 086 3

00720